LAS SORPRENDENTES LEYES DE LA FUERZA DEL PENSAMIENTO C·O·S·M·I·C·O

D1596345

Joseph Murphy

LAS SORPRENDENTES LEYES DE LA FUERZA DEL PENSAMIENTO C·O·S·M·I·C·O

EDITORIAL DIANA
MEXICO

1a. Edición, Marzo de 1974
18a. Impresión, Julio de 1991

ISBN 968-13-0727-5

Título original: THE AMAZING LAWS OF COSMIC MIND POWER — Traductor: José Antonio Elizalde — DERECHOS RESERVADOS © — Copyright ©, by Parker Publishing Company — Edición original en inglés publicada por Parker Publishing Company, West Nyack, N. Y., U.S.A. — Copyright ©, 1974, por EDITORIAL DIANA, S. A. — Roberto Gayol 1219, Esq. Tlacoquemécatl, México 12, D. F. — *Impreso en México* — *Printed in Mexico.*
6 000 EJ.

Cómo las sorprendentes leyes de la fuerza del pensamiento cósmico pueden transformar su vida

Este libro puede obrar magia en su vida.

Puesto que magia es la producción de efectos por fuerzas desconocidas, entonces magia es un término relativo. Sin embargo, si los procesos son conocidos por usted, su funcionamiento no será obra de magia. A menos que comprendiese el funcionamiento de la radio, de la televisión, de las películas cinematográficas o del fonógrafo, éstos podrían ser considerados inventos mágicos y, en efecto, habrían sido llamados mágicos hace doscientos años. Desde luego, usted no los llamaría así ahora ya que sabe cómo funcionan.

Todas las fuerzas fundamentales son, por su naturaleza, desconocidas. Además, todas las cosas son producto del pensamiento, aunque de manera semejante no sabemos qué es el pensamiento. No podemos analizarlo en el microscopio, tampoco podemos verlo; no obstante, podemos averiguar cómo trabaja; descubrimos entonces una fuerza oculta que nos eleva y coloca en el camino correcto hacia la felicidad, la libertad y la paz del espíritu.

Cómo usa usted su fuerza mágica cada día

Nosotros no sabemos qué es la electricidad, por ejemplo; sólo conocemos algunas de las cosas que hace. Esta fuerza es aún desconocida para nosotros. De ese modo, como ve usted, de hecho practicamos la magia durante todo el día. No tenemos la más ligera idea de cómo podemos mover o levantar un dedo por voluntad expresa del pensamiento. Se dice que levantar un dedo perturba a la más lejana estrella. Así, pues, usted ve que todos estamos familiarizados con la magia, aunque no sea llamada por ese nombre en nuestro lenguaje común. Es tan sólo que las cosas poco usuales que no entendemos las llamamos magia.

Tiene usted una mente y aprenderá a usarla en forma más efectiva en las páginas de este libro; como resultado, ocurrirán maravillas en su vida.

Cómo puede cambiar su vida este libro

Esta obra le proporciona los medios para reconstruir su vida entera. Ha sido escrita para *usted*. En los quince capítulos de este libro se han establecido, en lenguaje simple, práctico y accesible, técnicas y procedimientos para usar los poderes mágicos del pensamiento universal dentro de usted, que le producirán salud, felicidad y prosperidad, además de un sentimiento de completa satisfacción íntima y desahogo.

A través del presente texto, cuidadosamente escrito, leerá cómo un hombre usó la fuerza mágica de su mente y, de esa manera, evitó ser ahorcado, y cómo otro se curó a sí mismo de hidropesía y glaucoma.

Lea la fascinante historia de un hombre que utilizó su mente subconsciente para convertirse en millonario.

Al leer estas cautivadoras y subyugantes páginas, comprobará exactamente cómo estas personas realizaron sorprendentes cosas mediante los poderes mágicos de su *interior*. La Fuerza Mágica *está dentro de usted*.

Estas páginas le enseñarán a encontrarla y a emplearla.

Por qué ninguno de sus problemas debe quedar sin solución

Existe una respuesta para cada problema. Definitivamente, creemos que encontrará usted *su* respuesta en las páginas de este libro. Aprenderá aquí el método que usó un hombre para incrementar su negocio en un trescientos por ciento a corto plazo. Usted desea vivir la vida gloriosamente. *Podrá* leer cómo una joven logra maravillosos lemas para su empresa, que le rinden fabulosas ganancias, y cómo un novelista concibe extraordinarias ideas mediante la magia de la fuerza del pensamiento.

La fuerza del pensamiento universal es la más grande en el mundo. Cualquier cosa que usted desee, con esta fuerza podrá lograrlo; esta fuerza es su pensamiento, que se une con el pensamiento universal.

Este libro le enseñará *a* pensar y *en qué* pensar, así como a guiar su pensamiento de manera que los milagros ocurran también en su vida. Encontrará conocimientos valiosísimos en estas páginas que le permitirán erradicar para siempre el temor, la preocupación y los celos, todo lo cual es fatal para la mente.

Lea la fascinante historia del éxito de un joven que llegó a ser presidente de su organización y de cómo la fe de una mujer en la mágica fuerza curativa de su interior dio alivio a una enfermedad maligna.

Al conocer, y aplicar la fuerza mágica de su pensamiento como se ha esbozado aquí, irá usted hacia una aventura grande y maravillosa en el desarrollo mental y espiritual. Esta jornada le redituará fabulosas ganancias en salud, riqueza, amor y expresión. Demostrará ser muy excitante y de ahí en adelante podrá arrostrar el futuro con regocijo y entusiasmo. Continúe en su maravillosa jornada a través de esta obra hasta que surja el día y todas las sombras se desvanezcan.

Contenido

Leyes   *Páginas*

1. **La asombrosa ley del contacto con el pensamiento
   cósmico** 17

   El milagro de la oración
   No pudo ser ahorcado
   La oración puede cambiar su vida
   Usted puede llegar a ser lo que ansía
   Cómo la inteligencia infinita dio respuesta a su
       plegaria
   La oración abre las puertas de las prisiones
   Su oración la salvó del desastre financiero
   Su oración cotidiana
   Propósitos para recordar

2. **La ley secreta de la fe** 27

   La fuerza de la fe obra maravillas
   Todos tienen fe
   Fe en lo invisible
   Cómo triunfo su fe
   Cambió su fe
   Su fe lo sanó
   Su pensamiento es fe
   Su fe en la inteligencia infinita
   Sírvase de la fe-fuerza

Leyes   *Páginas*

3. **La milagrosa ley del sanar** 37

   Curado por voces espirituales
   No se esperaba que sobreviviese
   El sanador de nacimiento
   Grados de fe
   Un caso de parálisis
   Sanó su mano gafa
   Cómo se curó un desahuciado
   Fe ciega y fe verdadera
   Cómo dar tratamiento espiritual
   Consejos muy útiles
   Cómo puede enfrentar la palabra "incurable" **en su**
        propia vida
   Curación de hidropesía
   Pasos para la salud
   Ceguera espiritual
   La visión es espiritual, eterna e indestructible
   Oración especial para ojos y oídos
   Venga aquí por salud

4. **La dinámica ley de la protección** 55

   Un nuevo concepto de Dios obra maravillas
   La causa es mental
   Cómo protegerse a sí mismo
   Hágase invulnerable
   Por qué no tenía novio
   Cómo se convirtió en el meior estudiante
   No pudo ser fusilado
   Su respuesta define su futuro
   Sus creencias acerca de Dios en verdad son sus creen-
        cias acerca de sí mismo
   Crea en un Dios de amor
   Convirtiéndose en un hombre nuevo

Leyes *Páginas*

Su negocio mejoró un 300 por ciento
El milagro de los tres pasos
La pareja se reconcilió
El poder transformador del amor
La oración transformó a un criminal
La oración salvó su vida
La fuerza de Dios
Propósitos a recordar

5. **La misteriosa ley de la guía interior** 69

Siga el ejemplo que se aproxima
Siempre existe una respuesta
Fórmula de orientación de un hombre de negocios
Un profesor consigue su respuesta
Esté alerta
Esté calmado y relajado
Logra magníficos lemas
La intuición rinde fabulosos dividendos
Cómo una novelista logra extraordinarias ideas
Encontró su verdadero lugar
Plegaria de orientación divina
Ideas para recordarse

6. **La poderosa ley del valor** 77

Cómo la oración la liberó del pánico
La oración desechó sus temores
Un jardín le dio valor
Desechó temores desconocidos
Dejó de obstruir la respuesta
Sabio pensamiento
Opte por la confianza, el triunfo y la victoria
Cómo se impuso en la frustración
Cinco empleos en cinco meses

Leyes   *Páginas*

    Cómo darse cuenta de sus deseos
    Haga un inventario personal
    La comprensión alivia sufrimiento innecesario
    Usted crea su propio cielo
    Retribución y recompensa
    El lugar secreto
    Importantes consejos

7. **La maravillosa ley de la tranquilidad** 91

    Cómo lograr sentimientos de seguridad
    Dejó de orar contra de sí mismo
    El final de mi camino
    Sobre la seguridad no se legisla
    Rece y proteja sus inversiones
    La oración controló sus alternativas
    Cómo remedió su sentimiento de pérdida
    Construyendo un futuro glorioso
    Un saludable repaso

8. **La ley mágica de la nutrición de la mente** 103

    Es usted lo que mentalmente digiere
    La importancia de la dieta
    El pan de amor y paz
    Su dieta mental y espiritual
    Sus conocimientos se hicieron saber del corazón
    Sus imágenes mentales lo sanaron
    El corazón agradecido
    Puntos culminantes a recordar

9. **La grandiosa ley del amor** 111

    El amor es siempre abierto
    ¿Qué tanto desea ser una nueva persona?

Leyes *Páginas*

Por qué un actor falló tres veces
Su oración de triunfo
El amor a Dios y qué significa
El amor y el temor no pueden convivir
El amor doblega a los celos
El Señor concedió el aumento
Cómo aprobó su examen
Los sentimientos de temor no pueden lastimarlo
Conviértase en un gigante espiritual
Perdido en la selva
No luche con el temor
Enemigo en su propia mente
El bálsamo curativo del amor
Propósitos básicos a recordar

10. **La positiva ley del control emocional** 123

Madurando emocionalmente
Logrando el recto concepto de sí mismo
Cómo derrotó a la represión
Cómo se impuso al mal humor
Su retrato mental
Usted puede controlar sus emociones
La emoción del amor lo liberó
Cómo sus emociones afectan su cuerpo
Las positivas emociones de fe y confianza
Observe sus reacciones
Vive usted en dos mundos
Cómo transformarse a sí mismo
Oración para controlar las emociones
Objetivos a recordar

Leyes   *Páginas*

11. La emocionante ley de armonía conyugal 135

El amor une y el temor separa
La verdad lo hizo libre
El secreto de su liberación
Versión del marino al Salmo 23
Exigió el divorcio
Casada cinco veces
Cómo encontró su ideal
Ése es el hombre que quiero
El amor es unidad
Evite callejones sin salida
¿Debería obtener el divorcio?
Obtenga una nueva apreciación de sí mismo
Convirtiéndose en marido o esposa de éxito
La fórmula bíblica
Oración matrimonial para marido y mujer
Vaya por aquí hacia un feliz matrimonio

12. La gloriosa ley de la paz de espíritu 149

Se preocupaba por lo que no había sucedido
Curó su neurosis de ansiedad
La preocupación puede causar diabetes
Su preocupación no era causada por su problema
Cómo escapó de la vorágine
Usted no lo quiere
Cómo la intranquilidad afecta las glándulas y ór-
    ganos
Elevó sus aspiraciones
Usted puede imponerse a la intranquilidad
Pasos de la oración para imponerse a la intranqui-
    lidad
Consejos-fuerza

Leyes   *Páginas*

13. La provisora ley de la prosperidad automática 161

  Cómo un cambista progresó
  Su subconsciente pagó la hipoteca
  La magia del aumento
  Un "gracias" abre el camino a la prosperidad
  Decretó prosperidad
  La vida es suma
  Comenzó a vender de nuevo
  Su subconsciente lo convirtió en millonario
  Plegaria de prosperidad
  Algunos consejos benéficos

14. La ley penúltima de la creación 171

  Cómo se hizo presidente
  Su imaginación creativa la sanó
  Su imaginación la curó a ella y a su familia
  La imaginación produce un gran maestro
  Ciencia e imaginación
  Grandes realizaciones a través de la imaginación
  El imaginar le atrajo dinero y reconocimiento
  La imaginación le trajo buen éxito
  El imaginar ascendió a un químico
  La imaginación descubrió América
  Cómo la imaginación revive el pasado
  Una viuda se casa mediante la imaginación
  Se gradúa con honores mediante la imaginación
  Un niño sanó a su madre mediante la imaginación
  La imaginación, taller de Dios
  Usando su imaginación

Leyes   *Páginas*

15. La ley última de la vida infinita 183

   Cómo empezar
   Encontró a su hijo después de siete años
   Su hogar se salvó
   Reconoció la presencia
   Su auditorio lo ama ahora
   Cómo practicaba el hermano Lorenzo la presencia
   Curó a su hijo
   Caminó y habló
   No pudo ser arruinado
   Practique los tres pasos
   Viviendo con Dios
   Recordando grandes verdades

La asombrosa ley del contacto con el pensamiento cósmico

*Y todo cuanto con fe pidiereis,
con la oración os será concedido.*
(Mateo 21:22.)

La oración es siempre la solución, pues Dios es ... *una ayuda muy asequible en las tribulaciones.* (Salmos 46:1.) Ha sido usted enseñado a "creer y orar" y será remunerado. Si es así —y tenemos pruebas a diario— entonces la oración es la más grande fuerza en todo el mundo. No importa cuál pudiese ser el problema, ni qué tan grande la dificultad o cuán complicado parezca ser el asunto, la oración puede proporcionarle una solución de júbilo y felicidad. Tras haber orado haga usted todo lo práctico que le parezca aconsejable, pues su plegaria le guiará y dirigirá sus pasos.

La oración es poner en contacto, comunicar y ajustar su pensamiento con la inteligencia infinita que da respuesta a la naturaleza de su pensamiento y creencias. La oración le producirá todo lo que quiere y necesita en su vida, si se apega con un propósito a las leyes de su pensamiento con sinceridad y rectitud. Constantemente la oración obra lo que parece imposible y cura lo que se dice incurable. En la historia del hombre no existe problema imaginable que en algún tiempo no haya sido resuelto mediante la oración.

La gente de todas las épocas, de todos los países y todas las religiones ha creído en la milagrosa fuerza de la oración. *En Dios no hay acepción de personas.* (Hechos 10:34) y Él está a disposición de todos los hombres, sin importar su raza, credo o color. Aquellos que han recibido maravillosas respuestas a sus oraciones han dado —consciente o inconscientemente— reconocimiento, honra y devoción a la atributiva inteligencia infinita que habita en el hombre.

Recuerde que Dios es omnipotente, omnisciente y omnipresente y que no es obstaculizado por el tiempo, el espacio, la materia o por las extravagancias de la humanidad. Es fácil notar, por lo tanto, que no puede haber límite a la fuerza de la oración, pues ... *para Dios todo es posible.* (Mateo 19:26.)

El milagro de la oración

F. L. Rawson, notable ingeniero y uno de los más grandes científicos de Inglaterra, autor de *Life Understood*,[1] hace la narración acerca de un regimiento británico al mando del coronel Whittlesey, quien prestó servicio en la Segunda Guerra Mundial durante más de cinco años *sin perder un solo hombre.* Este logro sin paralelo se hizo posible mediante la activa cooperación de los oficiales y de los hombres, quienes frecuentemente memorizaban y repetían las palabras del Salmo 91, que ha sido llamado "Salmo de protección".

La Ralston Publishing Company, de Cleveland, Ohio, imprime para su distribución tarjetas de tamaño cartera con la historia anterior por un lado, bajo el título "Protección para soldados y marinos", con el Salmo 91 al reverso.

Gracias a la constante repetición de las verdades contenidas en el Salmo 91, los hombres del regimiento del coronel Whittlesey lograron tener la sensación de ser observados por una avasalladora presencia.

Por medio de la repetición, de la fe y la esperanza estas verdades se sumergieron en su mente subconsciente, produciendo una íntima convicción de protección divina todo el tiempo. Éste es uno de los milagros de la oración.

---

[1] Publicado por Wm. Clowes & Sons, Limited, Londres, Inglaterra.

No pudo ser ahorcado

Hace algunos años leí en un artículo de la difunta Emma Curtis Hopkins, autora de *Résumé*,[2] acerca de un maravilloso suceso que se registra en los archivos de una institución penal estatal. Éste es el contenido del artículo: "Hace más de sesenta años un hombre fue sentenciado a la horca. Durante el intermedio entre la sentencia y el tiempo de su ejecución se acogió al amor de Dios y afirmaba que el Señor lo perdonaría y lo liberaría. El hombre había cometido un asesinato por el que había sido sentenciado, pero había oído o leído que Dios era «el libertador del malvado». Para gran confusión y perplejidad de los representantes de la ley, cuando el hombre fue conducido al patíbulo, la plataforma, que ordinariamente se ladearía con el más ligero peso, se volvió firme en el momento en que el hombre pisó sobre ella. Intentaron una y otra vez, sin resultado, hasta que finalmente se concedió la libertad al prisionero."

El amor de Dios se sobrepone en verdad a todo entendimiento e ilumina el camino por el que andamos. Las maravillas y bendiciones de Dios no conocen límite.

Dios no condena o juzga a ningún hombre. La Biblia dice: *Muy limpio eres tú de ojos para contemplar el mal y no puedes soportar la vista de la miseria* ... (Habacuc 1:3.) Usted se critica a sí mismo por los conceptos y creencias que abriga. Siempre está eligiendo pensamientos, juzgándose de ese modo a sí mismo. Dios lo mira como un ser perfecto. El perfecto no puede ver la imperfección. Cuando se eleve hasta el punto en que se perdone a sí mismo y purifique su pensamiento y corazón, el pasado se olvidará y ya no lo recordará.

Cosechar lo que usted ha sembrado resulta ser duro sólo mientras no ore o medite las verdades de Dios. No importa qué tan terrible sea el crimen o aborrecible la ofensa; puede borrarse del pensamiento junto con todo el castigo que lógicamente

---

[2] Publicado por Sun Printing Company, Pittsfield, Massachusetts.

le seguiría. Meras afirmaciones o la oración superficial, sin embargo, no cambiarán las cosas. Una gran hambre y sed del amor y la paz de Dios, además de un profundo deseo de regeneración, son esenciales para poder eliminar el castigo que de otra forma debe seguir al pensamiento negativo y destructivo.

He conocido asesinos en Inglaterra que se han transformado completamente merced a su íntimo descubrimiento del amor de Dios. Renacieron completamente y cambiaron tanto que les sería imposible reincidir en los errores del pasado.

La oración puede cambiar su vida

Hace unos veinte años, en Inglaterra hablé con una persona que me confesó que había asesinado a un hombre. Tenía el profundo deseo de transformarse y renacer mental y espiritualmente. Le escribí una oración especial, instruyéndolo sobre cómo aplicarla cuando menos tres veces al día, o más frecuentemente si lo deseaba. Más adelante está la oración que se le dio; durante quince o veinte minutos, varias veces al día, silenciosa, mansa y amorosamente iba él a proclamar y sentir que el amor, la paz, la belleza, la gloria y el regocijo de Dios se instilaban en su mente y corazón limpiando, purificando, sanando y restaurando su alma. Cuando hacía esto regularmente, estas cualidades y atributos de Dios resurgían en su interior.

Las consecuencias de su sincera oración fueron de lo más interesantes y fascinadoras. Pocos meses después me contó que una noche su mente y cuerpo enteros, así como el cuarto en que se encontraba, se iluminaron con un resplandor luminoso. Como Pablo, se sintió verdaderamente cegado por la luz durante unos momentos. Me dijo que todo lo que podía recordar era que la palabra íntegra estaba dentro de él y que sentía el embeleso y el éxtasis del amor de Dios. Sus sentimientos eran indescriptibles. Fue el momento que dura para siempre. En verdad era un hombre cambiado: experimentaba y expresaba el amor

Divino en su mente y en su corazón. Supe que con el tiempo empezó a enseñar a otros a vivir y estoy seguro que aún lo hace en algún lugar.

Usted puede llegar a ser lo que ansía

Recientemente vino un hombre a pedirme consejo: era incapaz de permanecer en un empleo. Bebía excesivamente, era negligente e indigno de confianza y tenía poca determinación o vitalidad. Decía que sólo estaba interesado en una cosa: ir al *cielo* cuando muriese.

Le expliqué que el cielo es la mente en paz y que no hay cosa tal como la muerte física,[3] que la única muerte real es un proceso sicológico en el que usted "muere" a la ignorancia, al temor, a la superstición y a la indolencia, y revive la fe, la diligencia, el entusiasmo, la confianza y la verdadera expresión de la vida.

Comenzó a rogar que la inteligencia infinita lo guiase y dirigiese hasta la verdadera expresión para que prosperase espiritual, mental y económicamente. Paso a paso se puso a desarrollar nuevos intereses y atractivos en la vida y a aplicarse con vigor a su trabajo y pronto no sólo conservó su trabajo, sino que fue ascendido a una posición de mayor responsabilidad. Su nueva actitud mental cambió todo en su vida y me dijo: "Ahora vivo en el cielo", con lo que quiso decir que experimentaba salud, armonía y la verdadera expresión.

Cómo la inteligencia infinita dio respuesta a su plegaria

Hace muchos años di una conferencia en Auckland, Nueva Zelanda, en el templo del Pensamiento Superior. Al final de la

---

3 Ver "Miracle of Mind Dynamics", por Joseph Murphy, página 63, "Every End Is a Beginning", publicado por Prentice-Hall, Inc., Nueva Jersey, 1964.

charla un hombre me dijo: "Deseo desesperadamente ir a la ciudad de Nueva York a visitar a mi hija, pero no tengo dinero."

Le pregunté: "¿Oyó usted mi discurso?"

Repuso: "Sí, pero..."

Le sugerí que ignorase las dudas de su mente y afirmase definitiva y positivamente lo siguiente: "La inteligencia infinita me abre el camino para que visite a mi hija en la ciudad de Nueva York por orden divina." Dijo esta sencilla oración varias veces al día y por la noche imaginaba y sentía que estrechaba a su hija y la escuchaba decir: "Papá, ¡estoy tan encantada de que estés aquí!"

Me telefoneó al hotel antes de abandonar Auckland y dijo: "Ha ocurrido un milagro. Un antiguo compañero, que me había estafado doscientas libras se arrepintió antes de morir y estipuló que yo debía recibir esa cantidad de inmediato. En cuestión de meses estaré en camino a América."

La inteligencia infinita es omnisapiente y dará siempre respuesta y reaccionará de acuerdo a la naturaleza de su petición. Sus medios están lejos del alcance de la investigación.

La oración se sobrepone a los prejuicios raciales

Un joven soldado asignado a mi batallón en el ejército me dijo: "Sabe usted, antes de la guerra intenté ingresar a un colegio de medicina durante varios años; había una cuota y siempre fui rechazado debido a mi raza y religión, aun cuando mis calificaciones estaban por encima de lo normal."

Definitivamente este joven creía que era víctima de los prejuicios raciales. Le expliqué que la inteligencia no distingue a las personas y que ella responde a todos los hombres de acuerdo a sus creencias. Al final reflexioné con él acerca de la relación de la mente consciente y subconsciente.[4]

---

[4] Ver "The Power of Your Subconscious Mind", por Joseph Murphy, Prentice-Hall, Inc., Nueva York, 1963.

Empezó a entender que su mente subconsciente tenía la respuesta, que lo sabía todo y que tenía la destreza de la realización. Por consiguiente, a propósito de la ya mencionada plática, se le sugirió el siguiente experimento: Durante la noche, estando a punto de dormir, imaginaría que veía un diploma con su nombre inscrito, que establecía que era médico cirujano. Palpaba este diploma con una mano imaginaria y sentía gozo por ello. Hacía su imagen mental real y natural, concentrando la atención en un objeto —el diploma— concluido; entonces contemplaba su realización. Se iba a acostar sintiendo el imaginario diploma en la mano.

Lo que siguió a la plegaria de ese soldado es muy interesante. Una mañana me dijo: "Tengo el presentimiento de que algo va a suceder y que no estaré mucho tiempo aquí." Ésta era su mente subconsciente que me decía: "Todo está bien."

El comandante lo llamó y le informó que en vista de su capacitación promédica iba a ser examinado; si obtenía buenas notas sería enviado a una escuela de medicina con gastos pagados por el ejército.

No tuvo problemas para aprobar el examen y, como resultado, en poco tiempo comenzó su entrenamiento médico. Se dio cuenta que no tenía que ir a una determinada escuela de medicina para ser médico; dejó que la inteligencia infinita le abriese las puertas para convertirse en lo que su corazón deseaba.

La oración abre las puertas de las prisiones

Hace algunos años visité a un hombre en una prisión en el estado de Nueva York. El primer pensamiento en su mente era la libertad. Este preso era cínico y amargado. Por sus acciones contra la sociedad, opuestas a las normas de conducta, estaba en prisión. En verdad vivía en una prisión sicológica de odio y envidia. Le di detalladas instrucciones sobre cómo cambiar su actitud mental. Comenzó a orar por aquellos a quienes odiaba diciendo frecuentemente: "El amor de Dios se instila en ellos y deseo buen éxito, felicidad y paz para todos ellos." Continuó haciendo esto muchas veces al día. Por la noche, antes de dormir, se imaginaba en casa con su familia. Sentía que tenía en brazos a su hijita y que oía su voz: "Bienvenido, papá." Todo eso ocurría en su imaginación. Después de un rato esto era tan real, natural y vívido que se hizo parte de él. Había impregnado su subconsciente con la fe en la libertad.

Otra cosa interesante aconteció: Ya no tenía deseos de orar por su libertad; esto era una señal sicológica segura de que había incorporado subjetivamente su deseo de libertad. Estaba en paz, y aunque tras las rejas, sabía subjetivamente que era libre. Era un saber íntimo. Habiendo realizado subjetivamente su deseo, no tenía más ganas de orar por él.

Pasaron algunas semanas y fue liberado de prisión. Sus amigos habían venido a rescatarlo, se habían expuesto en su favor nuevas pruebas y mediante las vías adecuadas se le habían abierto las puertas a una nueva vida.

Su oración la salvó del desastre financiero

Una jovencita que había seguido mis disertaciones semanales sobre uno de mis libros, *La fuerza de su mente subconsciente,** afirmaba que no había manera de salvar a su novio de perder su tienda ni de sufrir la bancarrota final. Él no podía pagar ninguna de sus cuentas; hasta su automóvil estaba embargado. Decía ella: "No es posible. No veo salida alguna. En verdad no hay esperanza."

Al sugerírselo invirtió su procedimiento y diariamente, tres o cuatro veces, se ponía en estado mental receptivo, pasivo y sosegado. Penetró en el ánimo o sentimiento de que existía una solución para su novio y de noche se iba a dormir confiada en

---

* "The Power of Your Subconscious Mind."

esta maravillosa verdad: "Permanezco silenciosa y sé que existe una solución adecuada mediante la sabiduría de mi pensamiento subconsciente. Acepto ahora el final feliz de la voluntad divina."

Siguiendo la anterior técnica de oración, en la que rechazaba mentalmente toda evidencia sensorial y acudía a la sabiduría del subconsciente en busca de respuesta, una semana más tarde la llamó su novio y le dijo que había ocurrido un milagro. Un hombre le había entregado un cheque por dos mil dólares, cantidad que había obtenido en préstamo diez años antes. La respuesta había venido del cielo como resultado de su ferviente oración. La Biblia dice con verdad: *...Antes que ellos llamen, responderé yo; todavía no habrán acabado de hablar, y ya les habré escuchado.* (Isaías 65:24.)

Su oración cotidiana

Sé que no importa cuál fue la negativa de ayer, mi oración y aserción de la verdad se elevará hoy en triunfo sobre ella.

Hoy es el día de Dios, es un día de gloria para mí. Estoy henchido de gozo, de paz y armonía. Mi fe está en la bondad de Dios, en la guía de Dios y en el amor a Dios. Estoy absolutamente convencido que mi más profundo pensamiento recibe ahora las impresiones de mis propósitos actuales y que atraigo irresistiblemente hacia mi experiencia todas las buenas cosas que mi corazón desea. Ahora pongo toda mi confianza, mi fe y mi esperanza en la fuerza y sabiduría de Dios que está en mí; me encuentro en paz.

Oigo la invitación de la presencia divina dentro de mí decir: *Venid a mí todos los que estáis fatigados y cargados, que yo os aliviaré.* (Mateo 11:28.)

Reposo en Dios; todo está bien.

PROPÓSITOS PARA RECORDAR

1. La oración es siempre la solución. La oración es un deseo vuelto hacia Dios, y Dios le responde a usted.
2. Con Dios todas las cosas son posibles. Dios es todopoderoso y no conoce oposición.
3. Mediante la repetición, la fe y la esperanza en las verdades del Salmo 91, usted podrá llevar una vida de embeleso.

4. La fe completa e incondicional en Dios podrá salvarlo de la muerte.

5. Deje que el amor divino y la paz entren en su corazón y el pasado se eliminará, no recordándose más.

6. Las actitudes cambiadas transforman todo en la vida y su palabra entera se funde mágicamente en la imagen y semejanza de su convicción dominante.

7. Al orar ignore sus dudas y temores y reconozca que la inteligencia infinita conoce la salida y tiene la habilidad de la realización.

8. La inteligencia creadora, que es Dios en todos los hombres, no considera personas y da respuesta a todos los hombres de acuerdo a sus creencias.

9. La oración abre las puertas de la prisión si usted vive en una cárcel sicológica de odio, envidia y venganza.

10. Siempre existe un camino. Detenga las ruedas de su pensamiento y esté seguro que Dios sabe la respuesta; porque Dios sabe, usted sabe. *Yo y mi Padre somos una sola cosa.* (Juan 10:30.)

11. ...*Todo cuanto orando pidiereis, creed que lo recibiréis y se os dará.* (Marcos 11:24.)

La ley secreta de la fe

Hágase en vosotros según vuestra fe. (Mateo 9:29.)

La fe es una manera de pensar, una actitud del pensamiento que da resultados. La fe de que se habla en la Biblia es una convicción basada en verdades eternas y principios que nunca cambian. La fe es una fusión de sus pensamientos y sentimientos, o de su corazón o su mente, que es tan completa, inflexible e impermeable, que ningunos resultados exteriores o sucesos pueden conmoverle.

En el undécimo capítulo del Evangelio de Marcos se lee un maravilloso verso, el vigesimotercero, acerca de la fuerza de la fe:

En verdad os digo que si alguno dijere a este monte (su problema, dificultad), *quítate* (esto es, desarráigate, disuélvete) *y arrójate al mar* (que significa el mar de su subconsciente donde el alivio o solución tiene lugar y los problemas desaparecen), *y no vacilará en su corazón* (el corazón simboliza su mente subconsciente, esto es, su pensamiento consciente y el sentimiento subjetivo deben concordar) *y quien creyere que lo dicho se ha de hacer, se le hará.*

Estas verdades son muy explícitas y específicamente quieren decir que existe una fuerza y una sabiduría dentro de usted que puede levantarlo de la pobreza y de la enfermedad, descubrir la respuesta a su oración y colocarlo en el camino directo hacia la felicidad, la paz de espíritu, el regocijo y la armoniosa relación con la gente que lo rodea y en general con el mundo entero.

La fuerza de la fe obra maravillas

Hace algunos años un hombre me contó que pertenecía al personal de ventas de una gran organización química, con doscientos hombres en el ramo. El jefe de ventas murió y el vicepresidente le ofreció el puesto; sin embargo, él lo rechazó. Más tarde se dio cuenta que la única razón por la que había rechazado la oferta era el miedo. Temía esforzarse en la responsabilidad. Este hombre carecía de fe en sí mismo y en sus poderes interiores. Titubeó y por el temor dejó pasar una maravillosa oportunidad.

Durante la consulta con este hombre me di cuenta que dudaba de su habilidad para progresar. Fue Shakespeare quien dijo: "Nuestras dudas son traidores que a menudo nos hacen perder lo bueno que podríamos conquistar, temerosos de intentar." Este hombre tenía profunda fe en lo negativo. Le expliqué que su fe era completamente utópica. Tenía fe tan sólo en su insuficiencia e incapacidad para ser ascendido y para encarar la vida.

Sin embargo, invirtió su actitud mental y afirmó resueltamente: "Estoy rencauzando mi pensamiento y mis sentimientos; no necesito más fe; necesito usar y aplicar la fe que tengo en la forma correcta. Sé que mi pensamiento subconsciente reacciona de acuerdo a lo que yo creo de mí mismo. Tengo fe en el Dios que habita en mí y sé que Él me guía y me encauza, pues nací para triunfar y la inteligencia infinita me depara una nueva oportunidad. Sé que estoy lleno de confianza y aplomo, que tengo fe en todas las buenas cosas y que vivo con la jubilosa esperanza en lo mejor."

Al comenzar a identificarse mental y emocionalmente con estas ideas, en poco tiempo se le ofreció otro puesto a nivel ejecutivo, el que aceptó con presteza y regocijo en su corazón. Ésta es la fuerza mágica, la que mueve montañas y realiza milagros.

Todos tienen fe

Todo el mundo tiene fe en algo. Algunos tienen fe en el fracaso, la enfermedad, los accidentes y el infortunio. Cuando oiga usted incitaciones a tener fe, deberá recordar que ya la tiene. La pregunta será: ¿Cómo la está usted usando? ¿Constructiva o negativamente?

Nuestras actitudes mentales y creencias, que son nuestra fe, construyen nuestros propio cielo e infierno. Pero, ¿qué es la fe? La más noble, la más grandiosa y superior es aquella que se basa en principios eternos invariables. Tenga fe en la ley creativa de su propio pensamiento, en la bondad de Dios y en todas las cosas buenas, jubilosa esperanza en lo mejor y firme creencia impresa en su corazón de que la inteligencia infinita lo sacará de sus dificultades y que le mostrará el camino. Tenga firme convicción en el poder de Dios para resolver sus problemas y darle alivio. Tenga fe en la invisible inteligencia dentro de usted, que lo creó y es todopoderosa, y que le permite andar sobre las aguas del temor, la duda, la preocupación y los peligros imaginarios de cualquier índole.

Fe en lo invisible

Dijo Pablo: *Es la fe la garantía de lo que se espera, la prueba de las cosas que no se ven.* (Hebreos 11:1.)

Todos los grandes científicos, místicos, poetas, artistas e inventores están dotados y poseídos de fe y esperanza en las invisibles fuerzas interiores. Los científicos e inventores tienen fe en la posibilidad de la consecución de la "idea". La idea de un radio, aunque invisible, fue real en la mente del inventor; la idea de un automóvil fue real en la mente de Henry Ford; la idea de una nueva estructura es real en la mente de un arquitecto. La idea de este libro existe en mi mente y todas sus páginas surgen de las ideas invisibles, de los pensamientos, de las imágenes y de las creencias que pueblan mi mente.

Debe usted estimar el hecho de que su deseo, idea, sueño, nueva obra, libro, guión, viaje, empresa o aventura son reales en su pensamiento, aunque invisibles. Saber que su idea es real, que tiene forma, contorno y sustancia en el plano mental, y que es tan real como su mano en el plano objetivo, le da fe científica y lo habilita para andar sobre las aguas de la confusión, el conflicto y el temor rumbo a un lugar de convicción muy dentro de su mente subconsciente. Todo lo que es transferido hacia su subconsciente se proyecta en la pantalla del espacio. Ésta es la forma en que sus ideas se transforman en objetivas.

Cómo su fe triunfó

Hace algunos años, mientras impartía conferencias en San Francisco, entrevisté a un hombre que había perdido la confianza en sí mismo, que era muy infeliz, y que se quejaba de la forma en que se desarrollaban sus negocios. Él era gerente de ventas de una gran organización. Su corazón estaba lleno de resentimiento contra el vicepresidente y el presidente de la organización. "Se oponen a mí", alegaba. Y debido a este conflicto interior, los negocios declinaban; no recibía dividendos y estaba muy frustrado a causa de la falta de fe en sí mismo y en los invisibles poderes de su interior.

Me hizo saber que no podía creer en aquello que no podía ver, oir, tocar, saborear u oler. Le pregunté: "¿Puede usted ver a su pensamiento, el principio de la vida en su interior, el amor a su hijo, los razonamientos en su mente?" Vio mi propósito y añadió: "Sí, sé que estoy vivo y que no se puede colocar mi vida bajo un microscopio o analizarla en un laboratorio químico".

Al avanzar en nuestra conversación fue dándose cuenta de que a fin de progresar en los negocios, tener paz espiritual y buen éxito, le sería necesario sujetárse a una sabiduría y a una fuerza que trascendiese su intelecto, aquella que es sustancial y eterna. Decidió unirse mental y emocionalmente a la íntima fuerza alojada en su subconsciente.

Es así como oró y resolvió su problema de negocios, aplicando la siguiente oración varias veces al día:

> Todos aquellos que trabajan en nuestra sociedad son espirituales, maravillosos, divinos eslabones en la cadena de su crecimiento, bienestar y prosperidad. Irradio buena voluntad en mis pensamientos, mis palabras y buenos actos hacia mis asociados y todos en la compañía. Estoy henchido de amor y buena voluntad hacia el presidente y el vicepresidente de nuestra compañía. La inteligencia infinita obra toda decisión por mi conducto. Sólo las acciones justas tienen lugar en mi vida. Envío a los reflexivos mensajeros de paz, amor y alegría antes que yo a la oficina, y la paz de Dios reina suprema en la mente y corazón de todos en la compañía, incluso en mí mismo. Ahora surjo a un nuevo día lleno de fe, de confianza y esperanza.

Este ejecutivo repitió la oración lentamente, cuatro o cinco veces al día, sintiendo que la verdad fluía detrás de todas sus palabras.

Emanaba vida, amor, verdad y confianza de sus palabras, y se sumergía profundamente en su pensamiento subconsciente. Cuando los pensamientos de temor o enojo venían a su mente durante el día, decía: "La paz de Dios inunda mi alma". Algún tiempo después todos los pensamientos malignos se detenían y la paz llegaba a su espíritu.

Más tarde recibí una carta de ese hombre, en la que decía que al final de dos semanas el presidente y el vicepresidente lo llamaron a sus oficinas, se disculparon y cada uno estrechó su mano, diciéndole que la organización no podría seguir adelante sin él. Su fe se restauró y supo que, como individuo consciente, con capacidad de opción libre, tenía el poder para elegir el buen éxito, la armonía y la buena voluntad, y para elevarse sobre todas las circunstancias y condiciones; por lo tanto, no estaba bajo el dominio de las exterioridades ni de las impresiones sensoriales.

Cambió su fe

Una joven que tenía especial talento para el canto, tenía grandes dificultades para conseguir trabajo en el campo de la cinematografía, la televisión o la radio. Se le había negado tan frecuentemente que temía estar adquiriendo un complejo de rechazo. Al hablar conmigo de su problema, dijo: "Hay muchas actrices más hermosas y atractivas que yo; tal vez ésa sea la razón de que no consiga un contrato".

"Bien" constesté, "existe una ley del pensamiento que establece que la oferta y la demanda son una sola cosa y que lo que ansía también la busca a usted, pues la inteligencia infinita la guiará a su verdadero lugar".

Captó la idea inmediatamente y cambió su fe al rechazo en la aceptación, en el reconocimiento y en la verdadera expresión. Empezó a entender que todo aquello que su mente pudiese imaginar y sentir como algo tangible y verdadero también podría realizarlo.

Dos veces al día detenía la actividad de su pensamiento y quitaba toda tensión de su cuerpo, sencillamente hablándole y ordenándole que se relajase; tenía que obedecerla. En aquel estado pacífico, receptivo e inmóvil, con la atención plenamente concentrada en un imaginario contrato fílmico en su mano, sentía el regocijo y la realidad de todo aquello. Estaba en verdad unida mental y emocionalmente al contrato. Hizo que el contrato se volviese realidad y en menos de una semana fue reclutada para una larga serie de programas de televisión.

Esta joven se identificó con la imaginaria representación del contrato en su pensamiento y supo que lo que ella imaginaba y creía tenía que llegar a suceder. Cambió su modo de pensar —su estado de fe— y de acuerdo con su nuevo pensamiento se obró en consecuencia.

...*Y llama a lo que es lo mismo que a lo que no es.* (Romanos 4:17.)

Su fe lo sanó

Hace algunos años, mientras daba una serie de conferencias en Bombay, tuve una larga plática con un inglés que tenía grandes problemas con sus piernas. Había estado recluido en su casa durante nueve meses y caminaba con gran dificultad, ayudado por un bastón. La primera pregunta que le hice fue qué haría si llegase a sanar. Él contestó: "Jugaría polo, golf, nadaría y escalaría los Alpes, como solía hacerlo cada año". Ésa era la respuesta que buscaba.

Le indiqué en la forma más simple posible cómo lograr de nuevo el perfecto uso de sus piernas. El primero paso fue imaginar que estaba realizando las cosas que hacía ordinariamente. Le sugerí que durante quince o veinte minutos, tres veces al día, se sentase en su estudio e imaginase que jugaba al polo; iba a tomar la actitud mental de estar desempeñando en verdad el papel de un jugador de polo. En otras palabras, tenía que hacer el papel de un actor, como todo artista participa en el papel que caracteriza y dramatiza.

Llevó a cabo estas instrucciones cuidadosamente. Se sentía jugando polo. Tenga cuidado en notar que no se veía jugando al polo, lo que habría sido una ilusión. Él hacía efectivo ese estado al vivir el drama en su pensamiento. Lo hizo tan real y tan vívido en su pensamiento, que palpaba el mazo y sentía natural el tacto con la cabalgadura.

Por la tarde detenía su pensamiento, inmovilizaba su cuerpo y prácticamente sentía puesta la ropa de montaña. Imaginaba y sentía físicamente que escalaba los Alpes, el aire frío sobre la cara y oía las voces de sus antiguos compañeros. Vivía el drama y palpaba la solidez y la dureza de las rocas.

De noche, antes de dormir, jugaba un imaginario partido de golf. Asía el palo, tocaba la pelota con la mano, la ponía en su lugar y la impulsaba. Balanceaba su palo y se deleitaba viendo hacia dónde iba la pelota. Obtenía la impresión de estar jugando un buen partido y se iba a dormir sintiéndose satisfecho y feliz de las imaginarias experiencias que le habían ocurrido durante el día.

En dos meses las piernas del hombre sanaron e hizo todo lo que había imaginado que haría. Paso a paso, sus imaginarias representaciones impregnaron las más profundas capas de su mente subconsciente, en donde se halla la fuerza curativa; hubo una acción refleja que correspondió a sus imágenes mentales y sentimientos. Su mente subconsciente reproducía fielmente lo que había impreso en ella.

Su pensamiento es fe ·

Usted es realmente invisible. Otras personas no ven sus motivos, sentimientos, fe, confianza, sueños, aspiraciones, anhelos o el principio de la vida en su interior. Cuando recuerda esto, sabe que es invulnerable, invencible, eterno e inmortal. No es esclavo de las condiciones ni víctima de las circunstancias. La vida divina habita, se mueve y tiene su ser en usted, y usted habita, se mueve y tiene puesto todo su ser en esta misma vida divina.

Todo en su mundo es manifestación de su fe en lo invisible. Esta presencia omnipotente, llamada Dios, da respuestas a sus pensamientos y sentimientos. Por ejemplo, si exclama: "Soy fuerte y poderoso", se volverá fuerte y robusto. Su fe es algo en lo que usted se convierte, pues manifiesta y hace objetivo en su mundo lo que realmente cree de sí mismo. ...*Es muerta la fe sin las obras.* (Santiago 2:26.) En otras palabras, las verá en su mente, en su cuerpo y en sus asuntos. Las obras de su fe aparecen en sus negocios o profesión, en su hogar, en las funciones de su cuerpo y en todas su realizaciones. Los frutos de su fe son la salud, la felicidad, la paz, el amor, la buena voluntad, la abundancia, la seguridad, el aplomo, el buen juicio, la serenidad y la tranquilidad.

Su fe en la inteligencia infinita

Recientemente una chica se preguntaba si debía aceptar un puesto en Nueva York por una cantidad de dinero considerablemente mayor o permanecer en Los Ángeles en su empleo actual. Detuvo su pensamiento y se hizo esta pregunta: "¿Cuál sería mi reacción si hiciese ahora la decisión correcta?" Se dijo a sí misma: "Me sentiría maravillosamente. Me sentiría feliz al haber hecho la decisión correcta".

"Actúa como si yo fuese y seré yo". Actuó como si hubiera llegado a la decisión correcta, sabiendo que el creativo principio de la vida es amor y retribución y que Él la amaba y se ocupaba de ella. Comenzó a decir: "¡Es maravilloso! ¡Es maravilloso!" una y otra vez, como un arrullo, y se arrullaba a sí misma hasta dormir en el sentimiento: "¡Es maravilloso!".

SÍRVASE DE LA FE-FUERZA

1. La fe es una actitud del pensamiento que ordena y alcanza resultados.

2. Usted no necesita más fe. Tiene bastante, pero debe usarla en forma constructiva. Déle una orientación provechosa. Tenga fe en la salud, el buen éxito, la paz y la felicidad.

3. Todo el mundo tiene fe en alguna cosa. ¿Cuál es su fe? La fe real está basada en principios eternos y en valores individuales que nunca cambian.

4. La fe es invisible y es la evidencia de las cosas que no se ven. Los científicos tienen mucha fe porque creen en la posibilidad de la realización de la idea que está en su mente.

5. Usted no puede ver su pensamiento, su vida o sus sentimientos de amor. Tampoco puede ver la fe, pero puede enlazar su mente con la invisible fuerza de su interior, que es sustantiva, eterna y todopoderosa.

6. Cambie su fe en el fracaso y el rechazo por fe en la aceptación, el reconocimiento y el vivir afortunado.

7. Tenga fe en la fuerza curativa. Imagine y sienta que hace todas las cosas que haría si estuviese sano.

8. Su fe es su pensamiento y en lo más profundo de su mente habita la omnipotencia de Dios, que da respuesta a sus pensamientos y sentimientos. Es por esto que puede usted sobreponerse a todas las circunstancias y condiciones.

9. Actúe mentalmente y sienta la forma en que se comportaría y sentiría si fuese contestada su oración; encontrará que la mágica fuerza de la fe obrará maravillas en su vida.

La milagrosa ley del sanar

Existe solamente una fuerza sanadora. Se le llama de muchos modos, como Dios, presencia curativa infinita, naturaleza, amor divino, Divina Providencia, milagrosa fuerza sanadora, etcétera. Este conocimiento se remonta hasta los oscuros escondrijos del pasado. Se ha encontrado una inscripción en antiguos templos que dice: "El médico cubre la herida y Dios sana al paciente".

La presencia curativa de Dios está dentro de usted. Ningún sicólogo, ministro, médico o siquiatra sana a nadie. Por ejemplo, el cirujano extirpa un tumor, suprimiendo así el impedimento y abriendo paso para que el poder curativo de Dios le restaure. El sicólogo o siquiatra se esfuerza en apartar el obstáculo mental y anima al paciente a adoptar una nueva actitud mental que tiende a liberar la presencia curativa que fluye en el paciente como armonía, salud y paz. El ministro le pide que se perdone a sí mismo y a los demás, y que armonice con el infinito, dejando que la curativa fuerza del amor, la paz y la buena voluntad fluya a través de su mente subconsciente, eliminando de esa manera los patrones negativos que pudiesen alojarse ahí.

Esta infinita presencia curativa de vida, a la que Jesús llamó "El Padre", es el agente sanador de todos los males, sean mentales, emocionales o físicos.

La fuerza curativa milagrosa de su mente subconsciente, si es científicamente orientada, puede librar a su mente, cuerpo o asuntos de toda afección u obstáculo. Esta fuerza curativa le dará respuesta, sin consideración de su credo, raza o color. No le interesa si pertenece usted a una iglesia ni si tiene filiación religiosa o no. Usted ha sido curado cientos de veces desde que era niño. Podrá recordar cómo esta presencia sanadora dio curativos resultados en cortaduras, magulladuras, contusiones, torceduras, etcétera, y con toda probabilidad, como el autor, usted no auxilió en la curación por aplicación de remedios externos.

Curado de voces espirituales

Hace pocos años un joven de una universidad local vino a verme, quejándose de que escuchaba constantemente voces espirituales, que lo obligaban a hacer cosas asquerosas, y que no lo dejaban en paz; tampoco le permitían leer la Biblia u otros libros religiosos. Estaba convencido de que hablaba con seres sobrenaturales.

Este joven tenía aptitudes de *médium* y no sabiendo que todos los hombres poseen estas facultades en cierto grado, comenzó a pensar que era debido a los espíritus malignos. Sus creencias supersticiosas lo llevaron a imputarlo a espíritus de difuntos. Debido a su constante preocupación, el asunto lo convirtió en un monomaniaco.

Su mente subconsciente, dominada y controlada por una sugestión omnipotente pero falsa, gradualmente tomó control y dominio de sus facultades objetivas y la razón abdicó a su trono. Él era lo que usted llamaría un desequilibrado mental, como son todos los hombres que permiten que sus falsas creencias tomen ascendencia.

Expliqué a este estudiante universitario que su mente subconsciente tiene tremenda importancia y significado, que puede ser influida positiva y negativamente y que él tenía que asegurarse que la influencia sería positiva, constructiva y armoniosa. La mente subconsciente posee poderes trascendentes, pero es a la vez sumisa a las sugerencias buenas y malas. La explicación que le di causó una profunda impresión en él.

Le ofrecí la siguiente oración escrita, que iba a repetir durante diez o quince minutos tres o cuatro veces al día:

El amor, la paz, la armonía y la sabiduría de Dios inundan mi mente y corazón. Amo la verdad, oigo la verdad y conozco la verdad de que Dios es amor, y que Su amor me rodea, me envuelve y me abriga. El río de paz de Dios inunda mi pensamiento y doy gracias por mi liberación.

Repitió esta oración lenta, silenciosa, reverentemente, con profundo sentimiento, en especial antes de dormir. Identificándose a sí mismo con la armonía y la paz, produjo un reajuste de los patrones de su pensamiento e imágenes de su mente y le llegó el bienestar. Produjo la salud de su mente mediante una repetición de estas verdades, unidas a la fe y la esperanza.

Mi propia oración por él, de noche y día, fue como sigue: "John piensa rectamente. Refleja la sabiduría divina y la inteligencia divina en todos sus hábitos. Su mente es la mente perfecta de Dios, invariable y eterna. Él oye la voz de Dios, que es la voz interior de la paz y el amor. El río de paz de Dios gobierna su pensamiento y está pleno de sabiduría, aplomo, equilibrio y comprensión. Cualquier cosa que lo moleste lo abandona ahora y lo declaro libre y en paz".

Meditaba yo estas verdades en la noche y la mañana, logrando la sensación de paz y armonía; al final de una semana este joven estaba completamente libre y en paz.

No se esperaba que sobreviviese

Hace algún tiempo me contó una mujer que su hija tenía una fiebre muy alta y que no se esperaba que viviera. El doctor había prescrito pequeñas dosis de aspirina y administrado una preparación de antibióticos. La madre, que estaba por entablar un juicio de divorcio, estaba bastante agitada y perturbada. Este sentimiento de perturbación era comunicado en forma subconsciente a la niña, quien, naturalmente, enfermó.

Los niños están a merced de sus padres y son controlados por la dominante atmósfera mental y el clima emocional de quienes viven a su alrededor. Ellos no han alcanzado la edad del raciocinio, cuando pueden tener control de sus propios pensamientos, emociones y reacciones ante la vida.

La madre, a mi sugerencia, decidió tranquilizarse más y aflojar su tensión leyendo el Salmo 23, orando por su orientación y por la paz y armonía con su marido. Derramó amor y buena voluntad hacia él y se sobrepuso a su resentimiento y cólera interior. La fiebre de la niña era causada por la violencia reprimida y la ira de la madre, que era subjetivamente experimentada por la niña y expresada como una alta fiebre, debido a la excitación de la mente de la niña.

Habiendo silenciado su propia mente, la madre comenzó a orar por su hija en esta forma: "Espíritu, que es Dios, que es la vida de mi hija. El espíritu no tiene temperatura; nunca está enfermo o febril.

La paz de Dios corre por la mente y cuerpo de mi hija. La armonía, la salud, el amor y la perfección de Dios se hacen manifiestos en cada átomo del cuerpo de mi hija. Está relajada y sosegada, equilibrada, serena y en calma. Ahora excito el don de Dios de su interior y todo está bien".

Repitió esta oración cada hora durante varias horas. De ahí en adelante, poco tiempo después, notó un enorme cambio en su hija, que despertó, pidió una muñeca y algo de comer. La temperatura se hizo normal. ¿Qué había sucedido? La fiebre abandonó a la niñita, ya que su madre no tenía alta temperatura ni estaba agitada en su pensamiento. Su sensación de paz, armonía y amor pasó instantáneamente a la niña, produciéndose una reacción correspondiente.

El sanador de nacimiento

Todos somos "sanadores de nacimiento" por la sencilla razón de que la presencia curativa de Dios está dentro de todos los hombres y que todos la ponemos en contacto con nuestros pensamientos. Ella da respuesta a todo. Esta presencia curativa se halla en el perro, el gato, el árbol y el pájaro. Es omnipresente y es la vida de todas las cosas.

Grados de fe

Existen diferentes grados de fe. Existe el hombre que a través de la fe. cura sus úlceras: otro que cura una acechanza profundamente arraigada, de las llamadas incurables. Es fácil para la presencia curativa de Dios sanar un pulmón tuberculoso, como lo es aliviar una cortadura en su dedo. No hay cosa grande ni pequeña en el Dios que nos hizo a todos; nada grande ni pequeño; nada difícil o fácil. La omnipotencia está dentro de todos los hombres. La oración de un hombre que coloca su mano sobre otro a fin de producir salud, simplemente recurre a la cooperación del inconsciente del paciente, sea que éste lo sepa o no, o que lo atribuya a la intercesión divina o no, y que tenga lugar una respuesta, ya que de acuerdo a la fe del paciente se obra en él.

Un caso de parálisis

Un viejo amigo mío de la ciudad de Nueva York sufría de parálisis y temblores hacía algunos años. Sus piernas se trababan, de manera que experimentaba incapacidad para moverlas. Venía el pánico y al momento mi amigo se ponía rígido, aun en medio de la calle más transitada. Logró algún ligero alivio mediante los sedantes y antiespasmódicos que le recetó el médico; sin embargo, sus condiciones de constante temor, pánico y presentimiento lo estaban agotando. Se adoptó el siguiente procedimiento:

El primer paso fue conseguir que viese la existencia de una milagrosa fuerza curativa en su interior, que había hecho su

cuerpo y que podría sanarlo también. Le sugerí que leyese el
quinto capítulo de Lucas, versículos 18 a 24, y un pasaje rela-
cionado, Marcos 2:3 a 5, donde Jesús dijo al paralítico: *Hombre, tus pecados te son perdonados*... *A ti te digo, levántate,
toma la camilla y vete a casa.*

Ávidamente leyó estos versos y quedó profundamente con-
movido por ellos. Le expliqué que la camilla o cama que se
menciona en la Biblia simboliza la cama en que un hombre yace
en su propio pensamiento. El paralítico de la Biblia yacía indudablemente entre sus pensamientos de temor, duda, condena,
culpa y superstición. Estos pensamientos paralizan la mente y
el cuerpo.

Se nos dice que Jesús sanó al hombre de parálisis perdonán-
dole sus pecados. *Pecar* es perder el propósito, el fin de la salud,
la felicidad y la paz. Usted se perdona a sí mismo identificándose mental y emocionalmente con sus ideales y continuando en
esa práctica hasta que se solidifique en·su interior como convicción o inclusión subjetiva. Usted peca también cuando piensa
negativamente o si se agravia, se odia, condena o se envuelve
en temor o preocupación. Siempre está pecando cuando se des-
vía o se aparta de su fin proclamado o de su propósito en la vida,
que en toda ocasión debía ser la paz, la armonía, la sabiduría y
la salud perfecta, la vida más abundante.

Mi amigo admitió que estaba lleno de odio hacia un hermano que hacía años lo había traicionado en un trato financiero. También estaba lleno de culpa y autocondena y se daba
cuenta que, como el paralítico de la Biblia, no podría sanar
hasta que sus pecados quedasen suprimidos, al perdonar simplemente a su hermano y a sí mismo. Admitió que sus condiciones físicas eran un problema y que no debía soportarlo.

Recurrió a la curativa presencia de Dios en su interior y
proclamó valientemente:

> Plena y libremente me perdono a mí mismo por albergar pen-
> samientos negativos y destructivos, y me propongo purificar mi

mente de ahora en adelante. Cedo y entrego mi hermano a Dios
y, doquiera que se encuentre, deseo sinceramente para él la salud, la
felicidad y todas las bendiciones de Dios. Ahora estoy unido con la
fuerza sanadora infinita y siento que el amor divino fluye a través
de cada átomo de mi ser. Sé que el amor de Dios penetra y satura
ahora mi cuerpo entero, volviéndome sano y perfecto. Siento la paz
que produce el entendimiento. Mi cuerpo es un templo del Dios
viviente, Dios se encuentra en Su santo templo y yo soy libre.

Mientras meditaba en estas verdades se reacondicionó gradualmente en la salud y la armonía. Cuando varió su manera
de pensar cambió su cuerpo. Las actitudes renovadas cambian
todas las cosas. Hoy camina muy bien, completamente sano.

Sanó su mano gafa

Un irritado joven vino a entrevistarse conmigo, quejándose
de que su jefe lo había despedido diciéndole: "Es usted como
el hombre de la mano gafa de la Biblia". Me preguntó:
"¿Qué quiso decir? Mis manos están bien, son perfectamente
normales".

Mi explicación fue la siguiente: En una correcta interpretación de la Biblia debe entenderse que los principios son repre-
sentados por personas a fin de hacer la ilustración e interacción
vívidas y fuertes. No debemos interpretar la historia del hombre
de la mano macilenta en su sentido literal. La mano es símbo-
lo de fuerza, orientación y efectividad. Usted con su mano forma,
moldea, dirige y proyecta. De una forma simbólica un hombre
tiene la mano gafa cuando posee un complejo de inferioridad y se siente culpable, inepto, o cuando es derrotista. Un
hombre tal no actúa eficientemente y no utiliza las facultades
dadas por Dios.

Su mano —su habilidad para lograr y realizar— enfermó
al decir lo siguiente para sí: "Si tuviese el cerebro de José, o su
fortuna... sus relaciones... podría progresar y ser alguien. Pero
mírenme, sólo un don nadie. Nací en la ruta equivocada de la

vida. Debo estar satisfecho con mi parte. Tengo la mano
gafa".

Un notable cambio, sin embargo, se efectuó en este hombre
cuando decidió *extender* la mano, ampliando su concepto y es-
tima a sí mismo. Delineó una imagen en su mente de lo que
deseaba llegar a ser, esto es, dirigir una gran organización y tener
mucho éxito. Empezó por decir frecuentemente: "Puedo hacer
todas las cosas mediante la fuerza divina que me fortalece, me
guía, me controla y me dirige. Me doy cuenta que voy hacia
donde está mi vista. Ahora recurro con fe y confianza y la inteligencia infinita de mi interior, sabiendo que soy dirigido por
una sabiduría íntima. Sé en mi corazón que el poder de Dios
se infunde en los patrones de pensamiento e imágenes de mi
mente, y que voy por compulsión divina a progresar".

Al identificarse mental y emocionalmente con estos nuevos
conceptos, fue hacia adelante, de ascenso en ascenso, y es ahora
el gerente general de una gran corporación, excediendo su salario ordinario de los 75,000 dólares anuales.

Cómo se curó un desahuciado

Jesús ordenó al muerto: ...*Y Él dijo: joven, a ti te hablo,
levántate. Sentóse el muerto y comenzó a hablar...* (Lucas
7:14-15.)

Cuando dice *sentóse el muerto y comenzó a hablar*, quiere
decir que cuando su oración recibe respuesta habla usted en
nueva lengua de regocijante salud y transpira un resplandor interior. Sus esperanzas muertas y deseos hablan cuando pone por
testigos a sus creencias interiores y presunciones.

A manera de corolario me gustaría escribir de un joven que
vi en Irlanda hace unos años. Es un pariente lejano. Se hallaba
en estado comatoso; sus riñones no habían funcionado bien en
tres días. Su estado se había declarado sin esperanza cuando fui
a verlo acompañado de uno de sus hermanos. Sabía que era un

católico devoto y le dije: "Jesús está aquí y tú lo ves. Extiende su mano y en este momento la coloca sobre ti".

Repetí esto varias veces, lenta, suave y positivamente. Él estaba inconsciente cuando hablé y no se daba cuenta de la presencia de nadie. Sin embargo, se sentó en la cama, abrió los ojos y nos dijo a los dos: "Jesús estuvo aquí, sé que estoy curado; viviré".

¿Qué había sucedido? La mente del hombre había aceptado mi afirmación de que Jesús estaba ahí y su subconsciente reflejó la forma de aquel pensamiento, esto es, el concepto de Jesús de este hombre se representaba con base en lo que el hombre veía de las estatuas en las iglesias, pinturas, etcétera. Creía que Jesús estaba ahí, en toda su presencia, y que le había impuesto las manos.

Los lectores de mi libro *La fuerza de su mente subconsciente* están conscientes del hecho de que se puede decir a un hombre en trance que su abuelo está aquí ahora y que lo verá con claridad. Él verá lo que creerá ser su abuelo. Su subconsciente descubre la imagen de su abuelo, basada en la representación inconsciente de su memoria. Usted podrá dar al mismo hombre una sugestión poshipnótica diciéndole: "Cuando salga de este trance, saludará a su abuelo y hablará con él" y él hará exactamente eso.

Esto se llama alucinación subjetiva.

La fe que se encendía en el subconsciente de mi pariente católico, basada en la firme creencia de que Jesús venía a curarlo, fue el factor sanador. Se efectúa siempre en nosotros de acuerdo con nuestra fe, convicción mental o mera creencia ciega. Su mente subconsciente era dócil a la sugestión; su pensamiento más profundo recibía y actuaba en cuanto a la idea que yo había introducido en su mente. En cierto sentido, podría usted llamar a tal suceso *la resurrección de los muertos*. Fue la resurrección de su salud y vitalidad. De acuerdo a sus creencias se obró en él.

Fe ciega y fe verdadera

La fe verdadera se basa en el conocimiento de la forma en que actúan su mente consciente y subconsciente y del armonioso funcionamiento de estos dos niveles de pensamiento científicamente dirigido. La fe ciega es sanar, sin ninguna comprensión científica de las fuerzas comprendidas. El médico del vudú o el brujo de las selvas del África cura mediante la fe, y lo mismo hacen los huesos de perro —que el creyente piensa son de santos— o cualquier cosa que mueva al hombre del temor hacia la fe.

En todos los casos —sin considerar la técnica, la forma de trabajar, el proceso, el encantamiento o la invocación ofrecidos a los santos o a los espíritus— es la mente subconsciente la que efectúa la curación. Cualquier cosa en la que usted crea opera en forma instantánea en su mente subconsciente.

Sea como un niñito de ocho años de nuestra escuela bíblica. Como las gotas para los ojos no corregían su infección ocular, oró de esta manera: "Dios mío, tú hiciste mis ojos. Exijo acción. Quiero sanar ahora. Apresúrate. Gracias". Obtuvo notoria curación por su ingenuidad, espontaneidad e infantil fe en Dios. ...*Vete y haz tú lo mismo.* (Lucas 10:37.)

Cómo dar tratamiento espiritual

El tratamiento espiritual significa que usted recurre al Dios inmanente y que se recuerda a sí mismo de su paz, armonía, integridad, belleza e ilimitado amor y fuerza. Sepa que Dios lo ama y se interesa por usted. Cuando ore de esta manera, el temor se desvanecerá gradualmente. Si ora por las condiciones del corazón, no piense que este órgano está enfermo, ya que esto no sería un pensamiento espiritual. Los pensamientos son cosas. Su pensamiento espiritual toma la forma de células, tejidos, nervios y óganos. El pensar en un corazón dañado o en una alta presión sanguínea tiende a sugerir algo más de lo que ya tiene. Deje de explayarse sobre los órganos, los síntomas o alguna parte del cuerpo. Vuelva su pensamiento hacia Dios y Su amor. Sienta y sepa que sólo existe una presencia y fuerza curativa y su corolario: *No existe fuerza que desafíe la acción de Dios.*

Silenciosa y amorosamente afirme que la exaltadora, curativa y fortalecedora fuerza de la sanadora presencia se instila en usted, sanándole completamente. Sepa y sienta que la armonía, la belleza y la vida de Dios se manifiestan en usted como fuerza, paz, vitalidad, salud y justa acción. Dése clara cuenta de esto y el corazón dañado u otro órgano enfermo sanarán a la luz del amor de Dios.

. . . *Glorificad, pues, a Dios en vuestro cuerpo* . . . (I Corintios 6:20.)

CONSEJOS MUY ÚTILES

1. La fuerza curativa de Dios está en su interior. Suprima cualquier obstáculo mental y deje que la fuerza curativa le fluya.

2. Un monomaniaco es un hombre que permite que su pensamiento sea dominado y controlado por una sugestión omnipotente pero falsa.

3. Cuando una madre está agitada e hierve en alboroto y cólera puede transmitir su emoción negativa al subconsciente de su hijo y puede ocasionarle fiebre. Deje que el río de paz de Dios inunde su mente y corazón, y la fiebre del hijo cederá, siendo la armonía restaurada.

4. Todos somos sanadores por naturaleza, pues la infinita presencia curativa está dentro de nosotros y podemos ponernos en contacto con ella mediante los pensamientos y creencias.

5. La milagrosa fuerza curativa que hizo nuestros cuerpos sabe cómo sanarlos. Conoce todos los procesos y funciones de su cuerpo. Confíe en la fuerza curativa y acepte su salud ahora.

6. Usted puede reacondicionarse a la salud y la armonía mientras medite frecuentemente con vitalidad, salud, belleza y perfección.

7. En la Biblia los principios son personificados a fin de hacer la representación e interacción vívidas y fuertes. Usted podrá vencer un sentimiento de inferioridad uniéndose con Dios y sintiendo que uno con Dios es mayoría.

8. No existen enfermedades incurables. Hay gente incurable que cree que no puede sanar y de acuerdo a su creencia se efectúa en ellos.

9. La curación por la fe es el sanar sin ningún entendimiento científico de las fuerzas comprendidas. El alivio de la mente espiritual es el armonioso y combinado funcionamiento de su mente consciente y subconsciente, orientadas científicamente a un propósito específico. En todos los casos es la mente subconsciente la que cura, sin consideración de la técnica o procedimiento usados.

Cómo puede enfrentar la palabra "incurable" en su propia vida

No deje que la palabra "incurable" lo asuste. Dése cuenta que está usted tratando con la inteligencia creativa que hizo su cuerpo, y que aunque algunos hombres dirán que sanar es imposible, esté seguro que esta infinita presencia curativa estará disponible al instante, y que usted siempre podrá inspirarse en su fuerza, mediante la ley creativa de su propio pensamiento. Haga uso de esta fuerza ahora, y realice milagros en su vida. Recuerde que un milagro no podrá demostrar aquello que es imposible; será una confirmación de lo que es posible, pues ...*para Dios todo es posible* (Mateo 19:26.) ...*Te restituiré la salud, pues voy a sanar tus heridas,* dijo el Señor... (Jeremías 30:17.)

La palabra "señor" en la Biblia significa la ley creativa de su pensamiento. Existe un profundo principio curativo que impregna el universo entero, que se instila en sus patrones mentales, imágenes y elecciones y que los hace objetivos en su forma. Usted puede atraer hacia su vida cualquier cosa que desee por medio de este infinito principio curativo que actúa al través de su propio pensamiento.

Puede usar este principio curativo universal para cualquier propósito particular. No está limitado a sanar de la mente o el cuerpo. Es el mismo principio que atrae hacia usted al esposo o esposa ideal, que lo hace prosperar en los negocios, que encuentra para usted el verdadero sitio en la vida y que descubre las respuestas para sus más difíciles problemas. Mediante la correcta aplicación de este principio puede convertirse en un gran vendedor, músico, médico o cirujano. Podrá usarlo para traer armonía a donde la discordia exista, paz que sustituirá al dolor, regocijo en lugar de tristeza y abundancia donde antes hubo extrema pobreza.

Curación de hidropesía

Conocí a un hombre en Londres que no sólo era muy religioso, sino que estaba completamente libre de cualquier mala voluntad o resentimiento. Sin embargo, vio morir a su padre de hidropesía, lo que le causó una impresión muy profunda y duradera; me contó que después de aquel suceso, toda su vida temió que lo mismo llegara a sucederle. Me contó también que por la naturaleza del tratamiento, su padre era sajado con un instrumento, y que el doctor extraía grandes cantidades de agua de la zona abdominal. Este persistente temor, que nunca fue neutralizado, era indudablemente la causa de su hidrópica condición. Él no conocía la sencilla verdad sicológica que el doctor Phineas Parkhurst Quimby, de Maine, había dilucidado hacía más o menos cien años. El doctor Quimby dijo que *si usted cree en algo, se manifestará sea que conscientemente piense usted en ello o no*. El temor de este hombre se hizo convicción de que sería víctima del mismo mal que había afectado a su padre. Esta explicación, sin embargo, ayudó considerablemente al hombre. Empezó a darse cuenta que había aceptado una mentira como verdad.

Le indiqué que su temor era una corrupción de la verdad, temor que no tenía fuerza real, pues no existe ningún principio tras la enfermedad. Existe un principio de salud, ninguno de enfermedad; un principio de abundancia, ninguno de pobreza; un principio de honestidad, ninguno de engaño; un principio de la matemática, ninguno de error, y un principio de belleza y no de fealdad. Por fortuna, él creía en la única fuerza que lo controlaba, y sabía que a su mente podría usarla positiva o negativamente.

Llegó a una conclusión definida en su mente, razonando que la presencia curativa que lo había creado estaba inerte en él, y que su mal era débido a un grupo desordenado de pensamientos hipocondriacos; así, rehízo su pensamiento para ajustarlo al divino patrón de armonía, salud y bienestar.

Por la noche, antes de irse a dormir, decía con sentimiento y profunda significación tras cada palabra: "Ahora la presencia curativa va a trabajar transformando, sanando, restaurando y controlando todos los procesos de mi cuerpo, por su sabiduría y naturaleza divina. Todo mi sistema se limpia, purifica y aviva por la vitalizadora energía de Dios. La circulación divina, la asimilación y la excreción actúan en mi mente y cuerpo. La dicha del Señor es mi fuerza permanente. Estoy completamente curado y doy gracias."

Repitió esta oración a cada noche durante casi treinta días. Transcurrido ese tiempo, su mente había alcanzado convicción de salud, y su médico le dio de alta en sano y perfecto estado.

Pasos para la salud

El primer paso para la salud será no tener miedo desde este mismo momento a las condiciones que se manifiestan. El segundo paso será darse cuenta que las condiciones son el único producto del pensamiento pasado, que no tendrá más fuerza para continuar su existencia. El tercer paso será exaltar mentalmente la milagrosa fuerza curativa de Dios en su interior.

Instantáneamente este procedimiento detendrá la producción de todos los venenos mentales dentro de usted o de la persona por quien usted ora. Viva en la personificación de sus deseos, y sus pensamientos y sentimientos se manifestarán pronto. No se deje persuadir por la opinión humana ni por los temores mundanos, sino viva emocionado en la creencia de que Dios actúa en su mente y cuerpo.

Ceguera espiritual

Millones de personas están ciegas, esto es, están espiritual y sicológicamente ciegas, pues no saben que se convierten en lo que piensan durante todo el día. El hombre es espiritual y mentalmente ciego cuando es temeroso, rencoroso o envidioso de los demás. Él no sabe que en verdad está segregando venenos mentales que tienden a destruirlo.

Miles de personas dicen constantemente que no hay manera de resolver sus problemas y que su situación es desesperada. Tal actitud es resultado de la ceguera espiritual. El hombre comienza a ver espiritual y mentalmente cuando logra una nueva comprensión de sus poderes mentales y desarrolla la conciencia de que la sabiduría e inteligencia de su subconsciente pueden resolver todos sus problemas.

Todo mundo debe hacerse consciente de la interrelación e interacción de la mente consciente y subconsciente. Personas que una vez fueron ciegas a estas verdades, después de una cuidadosa introspección comenzarán ahora a tener la visión de la salud, la riqueza, la felicidad y la paz espiritual que pueden ser suyas mediante la correcta aplicación de las leyes del pensamiento.

La visión es espiritual, eterna e indestructible

Nosotros no creamos la visión, más bien la manifestamos o la liberamos. Nosotros vemos a través del ojo, no con él. La córnea del ojo es estimulada por las ondas luminosas de los objetos en el espacio; a través del nervio óptimo estos estímulos son llevados al cerebro. Cuando la luz interior o inteligencia encuentra la luz exterior de esta manera por un proceso de interpretación, entonces vemos.

Los ojos simbolizan el amor divino y una delicia en los modales de Dios, además de hambre y sed de la verdad de Dios. El ojo derecho representa el recto pensamiento y la justa ac-

ción. El izquierdo simboliza el amor y la sabiduría de Dios.
Piense rectamente e irradie buena voluntad hacia todos y se
orientará perfectamente.

*...Ve ...y al instante recobró la vista, y seguía glorificando a
Dios ...* (Lucas 18:42-43.)

Oración especial para ojos y oídos

Yo soy el Señor que me sanó. Mi vista es espiritual, eterna y
una cualidad de mi conciencia. Mis ojos son ideas divinas y siempre
funcionan perfectamente. Mi percepción de la verdad espiritual es
clara y poderosa. La luz de entendimiento amanece en mí; veo más
y más la verdad de Dios a cada día. Veo espiritual, física y mentalmente. Mis ojos se extasían con las imágenes de la verdad y la
belleza por doquier.

La infinita presencia curativa, en este momento, reconstruye mis
ojos. Ellos son perfectos, divinos instrumentos que me habilitan para
recibir mensajes del mundo interior y del mundo exterior. La gloria
de Dios se revela a mis ojos.

Oigo la verdad; amo la verdad; conozco la verdad. Mis oídos son
ideas perfectas de Dios, que funcionan perfectamente en todo tiempo. Mis oídos son los perfectos instrumentos que me revelan la armonía de Dios. El amor, la belleza y la armonía de Dios fluyen a
través de mis ojos y oídos; estoy en armonía con el infinito. Oigo la
silenciosa vocecita de Dios dentro de mí. El Espíritu Santo anima
mi oir, y mis oídos están abiertos y libres.

VENGA AQUÍ POR SALUD

1. El hombre dice que es imposible, pero para Dios todas las cosas
son posibles. Usted puede ser amado por Dios, quien lo creó.
2. El principio curativo se instila en sus patrones mentales de pensamiento e imágenes, atrayendo todas las cosas que usted desea
se manifiesten.
3. Si usted cree en algo, se manifestará, sea o no que conscientemente piense en ello. Crea sólo en aquello que lo alivia, lo bendice y lo inspira.
4. Exalte la fuerza de Dios en su interior y detendrá usted la ex-
pansión de cualquier mal en su cuerpo.
5. El corazón agradecido está cerca de Dios. Deje que todas sus
plegarias se hagan conocer con la alabanza y la acción de gracias.
6. Es usted espiritualmente ciego cuando no sabe que los pensamien-

tos son cosas, que usted atrae lo que siente y que se convierte en lo que imagina.

7. La vista es espiritual, eterna e indestructible. Una maravillosa oración por los ojos es proclamar regularmente: "Veo mejor espiritual, mental y físicamente."

8. *Alzo mis ojos a los montes, de donde ha de venir mi socorro.* (Salmo 121:1.)

La dinámica ley de la protección

Hace algún tiempo tuve oportunidad de visitar a una mujer que sufría de cáncer en el hospital de Posgraduados de Nueva York. La mujer me confesó que durante treinta años había odiado a su nuera "como al veneno", usando su propia expresión. Dijo que nunca había pensado en el cáncer en su cuerpo. Siguiendo mi consejo, comenzó a practicar el gran arte del perdón, orando amorosa, sinceramente y con todo el corazón por su nuera, mencionando su nombre, de la manera siguiente:

> La paz de Dios llena su alma; es inspirada y bendita en todo su camino. Dios la hace prosperar, y me regocija que la ley de Dios trabaje para ella, a través de ella y alrededor de ella. Siento en mi corazón y alma que la he liberado, y en cuanto a mi mente llegue la ocasión de pensar en ella, le desearé bien. Ahora soy libre.

El espíritu de perdón de esta mujer, junto con el cobalto y otros tratamientos médicos que recibió, produjeron un notable cambio en su personalidad y tuvo lugar una maravillosa curación. La oración cambió su pensamiento subconsciente, eliminando y neutralizando todos los negativos patrones allí alojados, y su personificación tuvo también que desaparecer.

Un nuevo concepto de Dios obra maravillas

Hace algunos meses pasé un tiempo en casa de un hombre muy amable. Era noble, generoso y magnánimo en todas formas. Sin embargo, padecía cáncer, en el mismo órgano que su padre y dos hermanos, todos los cuales habían muerto de cáncer prostático. Este hombre había temido que contraería cáncer en el mismo órgano, y comentó que había vivido con ese temor durante más de veinte años. Job dijo: "Lo que temo, eso me llega."

Cuando este hombre oraba, en verdad rogaba a algún lejano Dios, diciendo: "Si es la voluntad del Señor, Él me sanará". Estaba aquí de nuevo el antiguo concepto selvático de un dios vengativo que castiga a sus hijos. Este hombre, tras escuchar un nuevo concepto de Dios, ha adquirido una visión optimista y alegre de la vida, y recibe el alimento y elogio de su médico. Al cambiar las creencias de su mente subconsciente, esto se comunicaba automáticamente a su mente subconsciente, la que por lo tanto daba respuesta.

La causa es mental

Mucha gente, cuando lee acerca de accidentes ferroviarios, desastres automovilísticos, etcétera, parece pensar que alguna fuerza exterior viene de algún lugar y perjudica a personas que son completamente inocentes; pero el estado mental y los desastres son "quienes con lobos andan y a aullar se enseñan".

Cómo protegerse a sí mismo

Un hombre que posee una fe firme, que confía en que una avasalladora providencia siempre lo observa, se mantiene alejado de la desagradable experiencia que podría lastimarlo o herirlo, en la misma forma que el aceite y el agua se repelen entre sí. La fe del hombre en Dios y Su amor, y la experiencia desagradable, se repelen entre sí en concordancia a la ley de la creencia.

Hágase invulnerable

Proclame regular y sistemáticamente: *El que habita al amparo del Altísimo y mora a la sombra del Todopoderoso, diga a Dios: tú eres mi refugio y mi ciudadela, mi Dios, en quien confío.* (Salmos 91:1-2.)

Aloje estas verdades en su corazón y será positivamente invulnerable a todo infortunio. No tendrá nada a qué temer en el mundo. Existe una actitud mental y una causa mental tras todos los accidentes, incendios, guerras y calamidades de toda clase. El hombre es la causa; él es también el efecto.

Por qué no tenía novio

Una jovencita de Wyoming, que trabaja en una oficina en Los Ángeles, me dijo: "Soy muy retraída, tímida y vacilante, y no tengo novio." Deseaba casarse y tener un hogar propio, amar y ser amada, y que la llamasen "señora Jones".

Le indiqué cómo darse cuenta de sus deseos. En efecto, por su actitud mental, rechazaba su propio bien.

Decidió sentir que era querida, apreciada y admirada. Compró un carnet en algún baratillo y escribió en él los nombres de sus imaginarios admiradores. Empezó a imaginar que era tan popular entre los hombres, que podía decir "no" después de mirar sus nombres en el libro. Todo esto ocurría en su imaginación por las noches, y en otras ocasiones durante el día. Pronto se hizo inmensamente popular entre los hombres· y ya no era sólo una observadora.

Esta joven decidió casarse [5] y proclamaba que la inteligencia infinita atraía hacia ella al compañero ideal, que armonizaría con ella perfectamente. Por la noche, antes de dormir, imaginaba un anillo matrimonial en su dedo. En su mente "tocaba" y "palpaba" el anillo. Hizo realidad el hecho e impregnó su mente subconsciente al sentir la naturalidad, solidez y tangibilidad del anillo; además, decía que para ella el anillo significaba que su

---

[5] *The Power of Your Subconscious Mind,* pág. 151: "Cómo atraer al esposo ideal", Joseph Murphy. Prentice-Hall, Inc., Englewood Cliffs, N. J., 1963.

matrimonio ya se había consumado y que contemplaba el hecho realizado. Con el tiempo atrajo a un maravilloso hombre y hoy se llevan armoniosamente en todos sentidos.

Cómo se convirtió en el mejor estudiante

Un padre estaba temeroso y preocupado acerca del futuro de su hijo. El maestro del muchacho decía que éste era triste, estúpido y retraído, y que deberían enviarlo a una escuela especial. Por consejo mío el padre empezó a pensar en la alegría de llegar a oir lo contrario. A cada noche imaginaba que su hijo· le mostraba su boleta de calificación y decía: "Papá, ¡obtuve sólo dieces!"

Continuó con esta idea hasta que penetró en su subconsciente y se hizo una vívida convicción. Su muchacho respondió maravillosamente, se reveló como uno de los mejores alumnos de su clase. El padre gozó el fruto de la idea en que había meditado. La oración del padre ocasionó que la inteligencia y la sabiduría del subconsciente brotasen en la mente del muchacho y realizó en él la convicción de su padre.

No pudo ser fusilado

Charlé con un joven japonés durante una serie de conferencias en el Japón hace algunos años. Me contó que había sido sentenciado a ser pasado por las armas durante la guerra; añadió, sin embargo, que había sido falsamente acusado, aunque eso por ahora no tenía importancia. Mientras estaba en prisión repetía silenciosamente para sí las palabras del Salmo 91. Cada noche, antes de dormir, decía en su profundo pensamiento: "No puedo ser fusilado. Soy el hijo de Dios, y Dios no puede matarse a sí mismo".

Este hombre sabía que no existe sino una fuerza y una vida, y que esta vida era la de Dios. Me contó que más adelante fue liberado sin explicaciones y enviado de nuevo a sus labores.

Este joven escribió su libertad en la mente subconsciente al reafirmar las verdades del salmo e imaginar su libertad. Todo aquello con lo que usted impregne su subconsciente da respuesta.

Su respuesta define su futuro

Cuando yo era niño solía escuchar a mis tíos y tías conversar acerca de muchas cosas. Frecuentemente decían: "Ustedes saben, John (o Mary) tuvo ese accidente porque él (o ella) dejó de ir a la iglesia". Siempre que una calamidad le ocurría a la gente, de alguna manera eran considerados pecadores y objetos de la furia o voluntad de Dios.

Con frecuencia me pregunté qué clase de Dios tenían en su mente. ¿Cuál es su concepto de Dios? ¿Sabe usted que la respuesta que dé a esa pregunta determina su futuro?

Sus creencias acerca de Dios en verdad son sus creencias acerca de sí mismo

Si usted piensa que Dios es cruel, vengativo y un inescrutable, tiránico y caníbal Moloc de los cielos, una forma de sultán oriental o déspota que castiga a usted, desde luego experimentará el resultado de su habitual pensamiento y su vida será brumosa, confusa y llena de temor y limitaciones de todas clases. En otras palabras, experimentará los resultados de la naturaleza de sus creencias acerca de Dios. Efectivamente, tendrá usted experiencias negativas a causa de sus creencias.

Dios se convierte para usted en todo aquello que considera que es. Por sobre todas las cosas, logre el correcto concepto de Dios. No importa a qué llame usted Dios. Puede llamarlo Alá, Brahma, Visnú, Realidad, Inteligencia Infinita, Presencia Curativa, Super Alma, Mente Divina, Arquitecto del Universo, Ser Supremo, Principio de la Vida, Espíritu Viviente o Potencia Creativa. El hecho es que sus creencias o convicciones acerca de Dios gobiernan y dan orientación a su vida entera.

Crea en un Dios de amor

Millones de personas creen en un Dios que envía enferme-dades, dolor y sufrimiento; en una deidad cruel y vengativa. Ellos no tienen un Buda en Dios, y Dios no es amante para ellos. Teniendo tan extraño e ignorante concepto de Dios, ex-perimentan los resultados de sus creencias en forma de dificul-tades y aflicciones de todas clases. Su mente subconsciente ma-nifiesta sus creencias y las refleja como experiencias, condiciones y sucesos.

Su creencia nominal acerca de Dios es insignificante. Lo que importa es su creencia subconsciente real, la creencia de su corazón. Usted siempre demostrará sus creencias; es por eso que el doctor Quimby dijo hace cien años: "El hombre es creencia que se expresa." Millones de personas conciben un Dios capri-choso, una lejanía en los cielos que posee todas las liviandades del ser humano. Con tales conceptos son como el hombre de negocios que una vez dijo: "Estaría yo muy bien si Dios me dejara en paz." ¡Crea que Dios es amor, que mira por usted y lo protege, y que Él lo guía, lo hace prosperar y lo ama, y en su vida ocurrirán maravillas que trasciendan sus más aca-riciados sueños!

Convirtiéndose en un hombre nuevo

...Se llamará maravilloso consejero, Dios fuerte, padre sempiterno, príncipe de la paz. (Isaías 9:6.)

Comience ahora, hoy, cuando lea estas líneas, a entronizar el verdadero concepto anterior o creencia acerca de Dios, y co-menzarán a realizarse milagros en su vida. Dése cuenta y sepa que Dios es todo bienaventuranza, regocijo, belleza indescriptible, armonía absoluta, inteligencia infinita e ilimitado amor, y que Él es omnipotente, supremo y la presencia única.

Acepte mentalmente que Dios es todas estas cosas tan indu-dablemente como acepta el hecho de que está usted vivo; entonces empezará a experimentar en su vida los maravillosos resultados de su nueva convicción acerca del bendito Dios de su interior. Encontrará la salud, la vitalidad, su ocupación, su ambiente y en general el mundo, que cambiará sólo para bien. Comenzará a prosperar espiritual, mental y materialmente. Su entendimiento y perspicacia espiritual crecerán en maravillosa forma y se encontrará a sí mismo transformado en un hombre nuevo.

Su negocio mejoró un 300 por ciento

Un hombre de negocios de Londres me dijo después de una conferencia: "Toda mi vida he temido a la pobreza, ¿qué puedo hacer?" Le dije que mirase en Dios a su silencioso compañero, su guía y su consejero, que creyese que Dios siempre miraba por él como amoroso padre y que proclamase con valor que Dios atendía todas sus necesidades y lo inspiraba en todas sus acciones.

Tres meses más tarde me escribió diciendo: "Siento que Dios es presencia viviente, amigo, consejero y guía. ¡Mis negocios han prosperado en un trescientos por ciento, mi salud está mejor y he desechado los gruesos lentes que usé durante veinte años!"

Usted puede ver lo que sucedió cuándo este hombre se decidió a mirar a Dios como su padre. Para él, la palabra *padre* significaba algo. Significaba amor, protección, orientación y suministro. Permita que la maravillas ocurran igualmente en su vida.

El milagro de los tres pasos

En el curso de mi ministerio realicé una ceremonia matrimonial para una joven y maravillosa pareja en el Medio Oeste. Sin embargo, aproximadamente un mes después, se separaron y la mujer regresó a casa de sus padres. ¿Qué había ocurrido con aquel romance?

Más tarde, al hablar con el joven, me dijo: "No dejaba de pensar a cada día que ella salía con otros hombres. Estaba celoso de ella. No le tenía confianza. Me imaginaba que estaba con antiguos amigos y estaba temeroso de llegar a perderla."

El joven imaginaba todo lo malo acerca de su esposa y convivía mentalmente con el temor, los celos y el sentimimento de pérdida. Había quebrantado sus votos matrimoniales, en los que había prometido alimentarla, amarla y honrarla en todo tiempo y, renunciando a todos los demás, permanecer fiel a ella. El temor de este joven se comunicaba a su esposa, que no estaba familiarizada con las leyes del pensamiento; por eso, en el curso de los hechos, lo que él temía y creía tuvo lugar en realidad. Vio sus creencias hacerse manifiestas; entonces culpó a su esposa. Sin embargo, se hizo en verdad lo que él creía.

En cuanto esta joven pareja aprendió las funciones de su mente consciente y subconsciente mediante la exposición de uno de mis libros, *La fuerza de su mente subconsciente,** empezaron a rezar juntos cada noche y cada mañana, y a practicar el milagro de los tres pasos, que es el siguiente:

PRIMER PASO: Al principio, Dios. Al momento en que despertaban por la mañana, proclamaban que Dios los guiaba en todas sus acciones. Se dedicaban amorosos pensamientos de paz, armonía y regocijo uno al otro, y a todo el mundo.

SEGUNDO PASO: Bendecían la mesa a la hora del desayuno. Daban gracias por el maravilloso alimento, por su abundancia y por todas sus bendiciones. Se aseguraban que ningún problema o preocupaciones entrasen en su conversación de sobremesa; lo mismo se aplicaba a la hora de la comida.

TERCER PASO: Se alternaban orando en voz alta cada noche. Mantenían su Biblia al alcance de la mano y leían un pasaje de ella antes de dormir, como los salmos 23, 27 y 91, el undécimo capítulo de la epístola a los hebreos, y el decimotercero de

---

* Sin título en español. *The Power of Your Subconscious Mind.*

la Primera Epístola a los Corintios. Decían silenciosamente:
"Gracias, Padre, por todas las bendiciones de este día. Dios dé
reposo a sus bienamados."

Cada uno decidió dejar de hacer las cosas que irritaban al
otro. Esto impuso disciplina además de un profundo deseo por
ambas partes de hacer de su matrimonio un éxito. Siguiendo
este accesible procedimiento, con el tiempo la armonía se resta-
bleció en ellos.

La pareja se reconcilió

Una vez tuve una entrevista un tanto extraña con una mujer
y un hombre que vinieron a verme a mi hotel, en Dallas, Texas.
Los dos estaban ansiosos y preocupados por sus actos. Decían que
habían reñido por una propiedad pocos años antes. Se habían
molestado bastante uno con el otro y habían entablado demanda
de divorcio. Quedaron divorciados después de cerca de un año de
litigio, y cada uno se había vuelto a casar. Lo hicieron pensando
en lo que llamaron recobro de mal de amores. Añadieron: "Aún
nos amamos. ¿Qué hacemos?"

Les aconsejé que acabaran con el fingimiento y la farsa de
su matrimonio actual y que volvieran uno al otro. Se daban
cuenta que habían vivido mintiendo a sus actuales cónyuges y
que esto no era legal ni justo, puesto que no existía amor verdadero.

Estas dos personas fueron dóciles y humildes al admitir su
error, lo que podría llamarse falso orgullo, además de un deseo
de vengarse uno del otro. Permitieron que el amor interior de
sus corazones del uno al otro los guiase de vuelta al altar del
amor. Los matrimonios por despecho se disolvieron en forma
amistosa, y todos los integrantes fueron felices de ese modo. La
pareja se unió de nuevo.

El amor une a dos corazones en un lazo indisoluble. "Lo que
Dios (el amor) une, no lo separe el hombre."

El poder transformador del amor

Me preguntaron recientemente si un padre, a través de medios mentales, podría perturbar u ocasionar la disolución de un matrimonio. La joven señora en cuestión está casada con un católico; ella y su esposo están profundamente enamorados. "Mi padre —dijo— odia a los católicos pues él pertenece a otra iglesia."

El padre mantenía a su hija en un estado de terror y ella temía que él pudiese hacerla volver usando sus métodos.

Le expliqué que su padre no tenía poderes, no más que la pata de un conejo o las piedras de un campo. Empezó a darse cuenta que el único poder verdadero existía en sus propios pensamientos y sentimientos. Oraba frecuentemente para que el amor de Dios, que la había unido a ella y a su esposo al principio, continuase uniéndolos ahora, rodeándolos y estrechándolos. La joven afirmaba con regularidad que la belleza, el amor y la armonía de Dios penetraban en su mente y corazón y que el amor de Dios gobernaba su vida. Se daba cuenta que nada podría acaecer entre ella y el hombre que amaba,

Percibió una gran verdad, que es la de que todos los relatos y pensamientos de los demás son como flechas de papel dirigidas contra un acorazado. El amor pertenece al corazón, y en cuanto estos jóvenes esposos encontraron el amor, el favor y la buena voluntad entre sí, y vieron las virtudes del otro, su matrimonio fue más bendito cada día. La joven rezó por el divino entendimiento con su padre y recientemente me comunicó que éste se estaba volviendo más tolerante ahora e iba aprendiendo a querer a su esposo.

La oración transformó a un criminal

Una vez visité a un hombre en su lecho de muerte. Era un alcohólico crónico que había cometido varios crímenes y se encontraba al final del camino. Me relató todos sus crímenes y me preguntó si sería castigado por Dios y enviado al infierno cuando muriese.

Le expliqué a este desesperado hombre que Dios no castiga a nadie, pero que por la transgresión de las leyes de la vida nos castigamos a nosotros mismos, sea por la ignorancia o por la voluntaria violación de las leyes de la armonía, del amor y de la justa acción. Añadí que él tenía que perdonarse a sí mismo y dejar que el amor de Dios penetrase en su alma, que debía decidirse a ser en Dios un hombre nuevo; entonces el pasado se olvidaría y ya no se recordaría.

Oramos juntos; él se vio radiante y feliz después de la oración. La razón de esto era que ahora tenía una profunda fe interior y convicción de que se hallaba al lado de Dios y que todo estaba perdonado. Se sentía muy descansado y decía que estaba listo para ir a lo que él llamaba "cielo". Su médico notó un gran mejoramiento en el hombre y poco tiempo después se hizo el pronóstico de que viviría. ¡En efecto, en diez días abandonó el hospital, completamente sano y recuperado de nuevo!

El hombre tiene ahora ochenta y cinco años y es aún muy fuerte y saludable. Se ha vuelto un hombre maravilloso, recto y completamente transformado. ¿Cómo sucedió todo esto? Fue el resultado de su aceptación de la verdad acerca de Dios y del arrepentimiento absoluto de todos sus crímenes, odios y culpas, lo que de inmediato liberó su mente y su cuerpo. Su cuerpo respondió en una forma milagrosa a su nueva actitud mental. Su íntimo sentimiento de libertad y paz de espíritu —y nada más— fueron el agente curativo.

La oración salvó su vida

Un hombre en el hospital sufría de septicemia aguda, por lo que había recibido antibióticos y varias transfusiones. No se observó mejoramiento alguno. Mientras hablábamos de su antiguo socio, me dijo: "Detesto a ese hombre" y "me perjudicó".

Su odio se había convertido en una enconada herida síquica. Me dijo que temía que cuando fuese dado de alta en el hospital tomara un arma y asesinara al hombre.

Le hice ver a este enfermo que en realidad se estaba dando muerte a sí mismo. Aunque él se negara a asociarse con el hombre que lo había traicionado y estafado, constantemente lo mantenía en su pensamiento, en la corriente de su sangre, en su cerebro y en la médula misma de sus huesos, donde la sangre se genera. Le expliqué que estaba dando a ese hombre fuerza sobre su propia mente, cuerpo y todos sus órganos vitales.

Comprendió la verdad de que el otro hombre no era responsable de su enfermedad, en tanto que él era el *único pensador en su universo* y, por lo tanto, el responsable de los pensamientos, conceptos e imágenes que albergaba. Le proporcioné una fórmula de oración en qué meditar, oración que se encontrará al final de este capítulo. Obtuvo pronta recuperación de su enfermedad sanguínea en cuanto su mente se sació en las verdades de Dios. ¡En verdad, ocurrirán cosas extraordinarias cuando se decida a orar!

La fuerza de Dios

A continuación se encuentra una oración que ha ayudado a numerosas personas a transformar completamente su vida. Al meditar sobre estas maravillosas verdades ¡usted descubrirá en poco tiempo que los sucesos sorprendentes ocurren en su vida!

Dios es la única presencia y la única potencia, con la que yo soy uno. La resistencia de Dios es mi resistencia; su inteligencia inunda mi pensamiento. Esta nueva conciencia me da dominio absoluto sobre cada recinto de mi vida. Estoy ahora unido a la única mente universal, que es Dios. Su sabiduría, fuerza y gloria fluyen a través de mí. Sé que la energía y potencia de Dios penetran cada átomo, tejido, músculo y hueso de mi ser, haciéndome ahora perfecto. Dios es vida, y esta vida es mi vida. Mi fe se renueva; mi vitalidad se restablece. Dios habla y camina en mí. Él es mi Dios: yo soy uno con Él. Su verdad es mi escudo y protección; me regocija que así sea. Bajo su cuidado estaré confiado. Mi morada es el lugar secreto del Altísimo y permanezco bajo el amparo del Todopoderoso.

PROPÓSITOS A RECORDAR

1. El odio es un veneno para la mente. El perdón y el amor son los antídotos espirituales a usar; entonces viene la salud.
2. Logre un nuevo concepto de Dios como amor. Dése cuenta que Dios está de su parte, no en contra suya.
3. Su actitud mental es causa y su experiencia es efecto.
4. Puede protegerse a sí mismo teniendo en cuenta que Dios lo rodea, lo envuelve y lo absorbe.
5. Crea de corazón las verdades que se exponen en el Salmo 91 y será usted invulnerable.
6. Imagine y sienta que es usted amado, querido y apreciado y nunca le harán falta amigos.
7. Rece por el llamado niño retardado, invocando en sus oraciones y meditaciones la inteligencia y la sabiduría de Dios, que es esencial en todos los niños.
8. Mentalmente asiente su libertad en su pensamiento subconsciente y habrá respuesta consecuente.
9. Sus creencias reales acerca de Dios determinan su destino entero.
10. Sus creencias reales acerca de Dios son sus creencias acerca de usted mismo. "El hombre es creencia que se expresa". (Quimby.)
11. Su creencia nominal acerca de Dios no tiene importancia. Lo que en realidad interesa es la creencia que está en su corazón.
12. Crea que Dios es todo bienaventuranza, paz, belleza, regocijo y amor, y lo que de Dios es cierto, es cierto de usted. ¡Convierta esto en un hábito y las maravillas se presentarán en su vida!
13. Proclame con valor que Dios satisface todas sus necesidades y que lo hace prosperar en todos sentidos.
14. Sus temores habituales pueden comunicarse al subconsciente de su cónyuge. Fórmese el hábito de pensar en lo encantador y beneficioso.
15. Cuando el amor de Dios une al marido y a la mujer, ninguna persona, lugar o circunstancia pueden quebrantar su matrimonio. El amor es el vínculo indisoluble.
16. Dios, o la vida, no castiga a nadie. Nosotros mismos nos castigamos, sea por ignorancia o por la voluntaria violación de las leyes de la armonía, del amor y de la justa acción.
17. El odio es un letal veneno que causa la muerte de todos los órganos vitales del cuerpo.

La misteriosa ley de la guía interior

Cuando usted se encuentre perplejo, confuso o temeroso, y se pregunte qué decisión tomará, recuerde que tiene un *guía interior* que le conducirá y dirigirá en todos sus pasos, descubriéndole el plan perfecto y mostrándole el camino que debería seguir. El secreto de la guía o justa acción, es que se dedique usted a encontrar la respuesta correcta hasta encontrarla dentro de sí.

La inteligencia infinita de lo profundo de su subconsciente da la respuesta a su pregunta. Identificará esta respuesta como un sentimiento interior, como una conciencia, como una subyugante corazonada que le guiará al lugar exacto en el tiempo preciso, poniendo las palabras adecuadas en su boca y ocasionando que haga usted lo correcto en la forma cabal.

Siga el ejemplo que se aproxima

Un ministro, amigo mío, me preguntó una vez si yo creía que la junta de la iglesia que el dirigía debería adquirir otra propiedad que por entonces se hallaba desocupada. Contesté: "Recemos por ello y sigamos el ejemplo que se aproxima."

Nada sucedió durante algunos días; entonces me habló por teléfono y dijo que iban a tener una reunión de la junta para decidir si compraban o no la propiedad. Mientras él hablaba, pude *sentir* que la respuesta era "no" y él dijo que el mismo sentir intuitivo del "no" lo tenía él también. Los sucesos subsecuentes demostraron que él tenía razón.

70

LEY 5

Siempre existe una respuesta

Una radioescucha me escribió diciéndome que uno de sus inquilinos había sido tempestuoso, rudo y escandaloso, y que frecuentemente tenía pleitos de ebrios en su departamento, ocasionando molestias a los demás inquilinos. Se negaba a irse. Sin embargo, detuvo su pensamiento y rogó porque la inteligencia infinita de la mente subconsciente de su inquilino lo guiase y lo condujese a su verdadero lugar, y lo urgiese a marcharse en paz y armonía. Proclamó valerosamente: "Lo disculpo del todo. Lo libero y lo dejo ir, deseándole paz, amor y felicidad."

Continuó orando en esta forma hasta que logró la reacción que le satisfizo, que le significó la paz interior y la tranquilidad. Repentinamente, el hombre liquidó su renta y se fue calladamente. Tiempo después logró atraer a un pacífico inquilino.

Fórmula de orientación de un hombre de negocios

Un hombre de negocios me relató recientemente la forma en que ruega por su orientación. Su técnica es un tanto simple. Por la mañana se va a su oficina privada, donde no lo molestan, cierra los ojos y piensa en los atributos y cualidades de Dios, que él sabe están en su interior; esto crea un ánimo de paz, fortaleza y confianza. Entonces habla de esta sencilla manera al padre interior que creó el movimiento: "Padre, tú lo sabes todo: Dame la idea necesaria para un nuevo programa." Entonces se imagina que obtiene la respuesta y que ésta penetra en su pensamiento. Exclama: "Acepto tu respuesta y doy ahora gracias por ella."

Después de su oración se ocupa y preocupa por los asuntos de rutina, y la respuesta se descubre inevitablemente por sí misma cuando menos la espera. Dijo que con frecuencia las respuestas llegaban como un relámpago, espontáneas y sin previo aviso. La sorprendente presteza con que las soluciones a sus problemas de negocios llegan a veces es en verdad excepcional.

Un profesor consigue su respuesta

Un profesor universitario que asiste a mis conferencias necesitaba ciertos datos específicos para su libro, remontándose la investigación quizá hasta los mil o mil quinientos años antes de Cristo.

Decía que no sabía dónde encontrarlos exactamente: pensaba que podría estar en el Museo Británico, a trece mil kilómetros de distancia, o bien, en la Biblioteca Pública de Nueva York, a cinco mil kilómetros de allí. Él creía que tardaría días y posiblemente hasta semanas en encontrarlos. Además, no sabía qué pedir exactamente cuando se enfrentara al bibliotecario.

Le sugerí que en tal caso debía distraerse, estar tranquilo y decir silenciosa y sosegadamente antes de dormir: "Mi mente subconsciente sabe la respuesta y me proporciona toda la información que necesito."

Entonces iba quedándose dormido con la palabra "respuesta" en su mente.

En aquel estado de relajamiento, simplemente repetía una y otra vez la palabra "respuesta".

Su mente subconsciente es omnisciente; sabe qué clase de respuesta necesita usted, y responderá en un sueño como un fuerte presentimiento o como el sentimiento de que está usted siendo conducido por el camino correcto. Puede tener un repentino chispazo de intuición para ir a cierto lugar u otra persona puede darle la respuesta.

Puso en práctica este método durante algunas noches. En la mañana del tercer día, en camino a la facultad, tuvo un fuerte deseo de visitar una vieja librería del centro de la ciudad. Al momento de entrar a la librería y al mirar los libros en exposición cerca de la puerta, encontró por casualidad el libro mismo que le proporcionó todos los datos que había deseado con tanto desvelo y afán.

Esté alerta

En ocasiones obtenemos impresiones a la vez que la orientación divina, y debemos estar alerta. Cuando un presentimiento o idea llegue a nosotros, debemos identificarlo y ponerlo en práctica.

Esté calmado y relajado

Existen dos razones por las que no reconocemos nuestra orientación interior. Éstas son la tensión y la omisión a identificar el indicio cuando llega. Si estamos con ánimo jovial, confiados y felices, distinguiremos los destellos de intuición que vienen hacia nosotros. Por otra parte, sentiremos una subjetiva compulsión a echarlos fuera de nosotros.

Así, pues, es necesario estar calmado y relajado cuando se reza pidiendo orientación, ya que nada puede lograrse con la tensión, el temor o el recelo. Su mente subconsciente le da respuesta cuando su mente consciente está sosegada, relajada y receptiva.

Logra magníficos lemas

He aquí cómo una joven señora del negocio de la publicidad produce sus magníficos lemas: Se pone a dormir con las palabras "lema perfecto" en los labios, a sabiendas de que la respuesta estará disponible... y siempre lo está... *No falta Él nunca.* (Sofonías 3:5.)

La intuición rinde magníficos dividendos

La palabra "intuición" significa enseñado desde dentro. La intuición va mucho más lejos que la razón. Usted emplea la razón para llevar a cabo la intuición. La intuición es la respuesta espontánea que surge de su mente subconsciente en réplica a su pensamiento consciente.

Para la gente de negocios y los profesionales, el cultivar la facultad intuitiva es de singular importancia. La intuición ofrece al instante aquello que el intelecto o el razonamiento del hombre podrían sólo realizar tras semanas o meses de constante ensayo y error.

Cuando las facultades del razonamiento fallan en momentos de perplejidad, la facultad intuitiva, entona la silenciosa canción de triunfo. La mente subconsciente del hombre es ponderada, analítica e inquisitiva; la subjetiva facultad de intuición es siempre espontánea. Es como una señal luminosa para el intelecto consciente. En muchas ocasiones habla en advertencia contra un propuesto viaje o un plan de acción.

Cómo una novelista logra extraordinarias ideas

En cierta ocasión charlaba con una magnífica novelista en Calcuta, quien me reveló el secreto de su éxito literario, que era debido al hecho de que regular y sistemáticamente proclamaba que Dios la guiaba en todas formas; que asombraba al mundo con las bellezas, glorias y gemas de sabiduría con que el dios de su interior la había dotado.

Su oración favorita era: "Dios lo sabe todo. Dios es mi yo superior, el espíritu de mi interior. Dios escribe novelas a través de mí. Él me proporciona el tema, los caracteres y sus nombres, así como las localidades y el ambiente. Él descubre el drama ideal en secuencia perfecta. Doy gracias por la respuesta que sé está en camino, y me acuesto con la palabra *novela* en los labios, hasta quedar perdida en la profundidad del sueño."

La novelista sabía que la palabra *novela* quedaría grabada en su mente subconsciente y que ésta daría respuesta. Dijo que usualmente tras orar en esta forma antes de escribir una novela, pocos días después lograba un íntimo impulso a escribir, y las palabras y escenarios fluían en interminable corriente.

Esto es un ejemplo del milagro de la divina orientación, que está al alcance de todos nosotros.

Encontró su verdadero lugar

Un viajante me dijo: "¡Soy como un parche cuadrado en agujero redondo! Voy de trabajo en trabajo. ¿Es que no existe el lugar indicado para mí?"

Traté de ayudarlo a ver que había solución para su problema, pues la infinita inteligencia y sabiduría de su mente subconsciente conocían su talento, como también la manera de abrirle las puertas hacia la correcta expresión de su vida. Lo dirigí para que orase de la manera siguiente: "Creo y acepto sin reservas que existe una inteligencia creativa en mi mente subconsciente que lo ve todo y lo sabe todo. Sé que soy dirigido rectamente al lugar indicado de mi vida. Acepto esta guía interior sin reservas. Estoy aquí por un propósito definido con precisión y me siento perfectamente dispuesto a cumplimentarlo."

Abandonó mi oficina con ánimo muy feliz y en un plazo de pocos días logró el puesto ideal. Su guía interior lo había conducido a su verdadero lugar, haciéndolo que dijese las palabras apropiadas y que causara una impresión adecuada en los ejecutivos que entrevistó.

Plegaria de orientación divina

Sé que existe la ley perfecta de la oferta y la demanda. Mis motivos son justos y deseo hacer lo correcto en forma correcta en todo tiempo. Instantáneamente estoy en contacto con todo lo que necesito. Estoy en el lugar correcto ahora; irradio mi talento en forma maravillosa y soy divinamente bendito. La inteligencia infinita me guía ahora en pensamiento, palabra y obra; cuanto hago es controlado por Dios y sólo por Dios. Soy el perfecto conducto de Dios.

Siento, sé y creo que mi ser divino alumbra mi sendero. La inteligencia divina me inspira, me dirige y me gobierna en toda empresa e instantáneamente me revela la respuesta a todo cuanto necesito saber. El amor divino se adelanta a mí, convirtiendo todos los caminos en rutas de paz, amor, regocijo y felicidad. ¡Esto es extraordinario!

IDEAS PARA RECORDARSE

1. Conságrese mental y emocionalmente a la respuesta correcta y obtendrá resultados.
2. La inteligencia infinita de su mente subconsciente lo sabe y lo ve todo. Invóquela y recibirá contestación. Ella sabe sólo la respuesta.
3. Siga el ejemplo que se acerca. Con frecuencia destella espontáneamente hacia su mente subconsciente como estallidos de pan tostado fuera de un tostador.
4. Recuerde que siempre existe una respuesta. Persevere y relájese; percibirá la sucesión de las maravillas mientras reza.
5. El orar en busca de orientación es conversación en doble sentido. Pida a su muy profundo pensamiento la respuesta, con fe y confianza, y logrará usted una respuesta.
6. Su mente subconsciente le da respuestas en formas que no conoce usted. Puede ser conducido a una librería, donde encuentre el libro que dé respuesta a sus preguntas, o puede alcanzar a oír una conversación que le proporcione la solución a su problema. Las respuestas pueden llegar en innumerables formas.
7. Es necesario que esté alerta, activo, y al *qui vive,* para que identifique el ejemplo que se acerca y entonces pueda seguirlo.
8. La sabiduría de su subconsciente surge en su mente superficial o mente consciente, siempre y cuando ésta esté relajada y en paz. El relajamiento es la clave.
9. Acuéstese con la palabra "respuesta" en los labios, repitiéndola una y otra vez como un arrullo, y la respuesta apropiada le será proporcionada.
10. Usted usa su intelecto para llevar a cabo la voz de la intuición.
11. Si es usted novelista o escritor, proclame que la sabiduría de su subconsciente le descubre el tema y los caracteres, impulsándolo en todas formas. Se sorprenderá de los resultados.
12. La inteligencia infinita de su interior lo guiará a su verdadero lugar, descubrirá su talento oculto.
13. Afirme: "El amor divino se adelanta a mí, enderezando, regocijando, glorificando y haciendo felices mis costumbres", y todos sus caminos serán caminos de placer, y todas sus rutas serán trayectorias de paz.

La poderosa ley del valor

Usted puede aprender a vivir de manera tal que el temor no lo domine ya más, aunque su temor puede remontarse al pasado, quizá hasta la herencia del pensamiento racial. En tanto que existen muchos temores primitivos en el subconsciente de todos nosotros, usted puede erradicar dichos temores uniéndose mental y emocionalmente a la presencia divina de su interior. En cuanto aprenda a amar a Dios y a todas las cosas buenas, y cuando confíe en Él implícitamente, se impondrá usted a sus temores y se convertirá en una persona libre y valerosa.

Cómo la oración la liberó del pánico

Hace pocos años una muchacha llamada Ana, a quien no conocía, me llamó por teléfono al hotel Algonquin en la ciudad de Nueva York, diciendo: "Mi padre murió. Sé que escondió una gran cantidad de dinero en la casa. Estoy aterrorizada, desesperada y llena de temor; necesito el dinero y no puedo encontrarlo."

No sabía cómo hacer para comunicarse con su mente subconsciente. Le dije que rezaría por ella y le pedí que me visitara al día siguiente.

Esa misma noche, después de su llamada, tuve un sueño en que un hombre decía: "Levántese y anote esto; usted va a ver a mi hija Ana mañana." Desperté y fui hacia el escritorio, hurgando entre los cajones en busca de una hoja de papel del hotel. Él me dictaba mientras yo escribía. Estoy seguro que estas indicaciones no fueron escritas por Joseph Murphy aún estando medio dormido, ni siquiera por mi subconsciente, en un mundo casi de sueños como en el que yo estaba. Creo que el autor era el padre de la chica a quien yo iba a ver al día siguiente.

Definitivamente siento que fue la personalidad de su padre, que había sobrevivido a lo que da en llamarse muerte, quien me dio las instrucciones que detalladamente explicaban dónde se ocultaba una fuerte cantidad de dinero en la casa y acerca de unas posesiones en las Bahamas con indicaciones precisas a su hija acerca de con quién ponerse en contacto, etcétera. Todo esto se comprobó más adelante.

Al día siguiente fue Ana a verme a las oficinas de la iglesia de las Ciencias Religiosas de la ciudad de Nueva York. La reconocí inmediatamente, pues la había visto en mi sueño la noche anterior. Hay un brillante aspecto de la mente subconsciente que refleja lo que subjetivamente se percibe y se conoce, pero que no se da a notar conscientemente.

Esta chica sufría de una aguda ansiedad, innecesariamente, pues siempre había sabido su subconsciente dónde se hallaba el dinero, y se podría haber comunicado con él y recibido la respuesta. El conocimiento de las leyes de su pensamiento ha transformado completamente la vida de esta muchacha, de tal modo que en la actualidad es enérgica, activa y está realizando grandes cosas.

La oración desechó sus temores

Una joven señora abrió un estudio de música en la ciudad de Nueva York. Se anunció profusamente; pasaron las semanas y ningún estudiante apareció en escena. La razón de esto era que la maestra de música tenía la actitud mental de que fracasaría y de que los estudiantes no acudirían a ella por ser desconocida. Su problema básico era el temor. Invirtió su actitud mental y se hizo a la idea de que un gran número de estudiantes se beneficiarían con lo que ella tenía para ofrecerles. El siguiente procedimiento que llevó a cabo obró maravillas en su carrera profesional.

Dos veces, diariamente, se imaginaba enseñando a los estudiantes y los veía felices y satisfechos. Ella era la estrella de la obra: "Actúa como si fuese yo, y seré yo." Sentía ser una maestra triunfante, al desempeñar su papel imaginariamente y al concentrar la atención en su ideal. Mediante su insistencia se unificó a la idea que estaba en su mente, hasta que logró expresar en forma objetiva lo que imaginaba y sentía. Atrajo a más estudiantes de los que podía controlar. Con el tiempo tuvo que conseguir un asistente.

Lo que ella imaginó que era su vida sintió que eso era, y de acuerdo a sus nuevos sentimientos o actitud mental se obró en ella.

Un jardín le dio valor

En 1958, durante una serie de conferencias en Capetown, Sudáfrica, un brillante abogado que escuchaba una de mis disertaciones me dio un recorte que se refería a la clemencia, de un periódico llamado *Argus*. Lo siguiente es el contenido del artículo:

El teniente coronel I. P. Carne relataba su vida como prisionero en Corea. Durante los dieciocho meses de su solitario encarcelamiento, no tuvo una sola palabra de rencor para las acciones de sus aprehensores chinos al imponerle una sentencia tan dura, tanto que los médicos estaban sorprendidos de su sobrevivencia. En su imaginación caminaba alrededor de su jardín —en Inglaterra— y escuchaba las campanas de la iglesia darle la bienvenida a casa. El teniente coronel Carne decía: "La imagen mental de este glorioso lugar —sus seres queridos, su jardín, su casa— mantenían por siempre mi mente con ánimo. Ni por un instante los dejaba escapar."

En lugar de experimentar resentimiento u odio, o recrearse en recriminaciones en la mente, tenía una visión constructiva de sí. Se imaginaba en casa con sus seres queridos, sentía la emoción y el regocijo de todo ello. Al contemplar el jardín en pleno florecimiento, veía las plantas crecer y, producir frutos. Aquello era vívido y real en su mente. Lo sentía muy íntimo en su imaginación. Decía que otros hombres perdían la razón o quizá morían de una honda pena, pero él se salvó porque tenía una visión. "Una visión que nunca dejé escapar."

El gran secreto del teniente coronel Carne era su actitud mental en medio de las privaciones, la miseria y la suciedad. Él era leal a su representación mental y nunca se desvió de ella por imágenes mentales negativas. Al final, cuando llegó a su casa en Inglaterra, se dio cuenta del significado de la profunda verdad de que vamos a donde se encuentra nuestra visión.

Desechó temores desconocidos

Después de una reciente serie de conferencias en las oficinas de Ciencias del Pensamiento, en San Francisco, me visitó un hombre en mi hotel. Lo primero que me dijo fue: "Me atormentan temores desconocidos. Por las noches despierto sudando copiosamente y temblando." Frecuentemente sufría de graves ataques asmáticos.

Al hablar con él descubrí que toda la vida había odiado a su padre pues éste había dejado todas sus propiedades a su hermana. Este odio desarrolló un profundo sentimiento de culpabilidad en su mente subconsciente, y a causa de estas culpas tenía un adentrado y oculto temor a ser castigado; este complejo se manifestaba en su cuerpo como alta presión sanguínea y ataques asmáticos.

El temor causa dolor. El amor y la buena voluntad producen paz y salud. El temor y el sentimiento de culpa que tenía este hombre se expresaban como una enfermedad o como falta de seguridad y de paz.

Este joven se dio cuenta que todo su malestar era ocasionado por su propio sentimiento de culpa, de autocondena y de odio. Hacía bastante tiempo que su padre había pasado a mejor vida. En efecto, el hombre se envenenaba a sí mismo con el odio.

Comenzó a perdonarse a sí mismo. Perdonar es dar algo a cambio. Declaró solemnemente esto: "Perdono a mi padre. Él hizo lo que creyó correcto de acuerdo a sus ideas. Lo libero. Le deseo paz, armonía y regocijo. Soy sincero y me lo propongo."

El joven lanceó su herida síquica y salió todo el pus. El asma desapareció y su presión sanguínea descendió a lo normal. El complejo de castigo que se ocultaba en su mente subconsciente había desaparecido ahora.

Una mujer me escribió diciendo: "No sé qué hacer. Estoy llena de temor. ¿Aceptaré el nuevo puesto que me ofrecen o me quedaré donde estoy? ¿Me quedaré con mi casa o la venderé? ¿Me casaré con el hombre con quien voy a ir? Debo obtener las respuestas de inmediato. ¿Qué decisiones debo tomar?

Su temor a hacer lo incorrecto obstruía las respuestas a estas confusas preguntas. Además, su temor estaba fundado en realidad en la ignorancia y el fracaso para comprender las facultades de su mente subconsciente.

Le expliqué que siempre que el subconsciente acepta una idea, de inmediato empieza a ejecutarla. Usa todos sus poderosos recursos para ese fin y moviliza los ilimitados poderes mentales y espirituales de nuestro interior. Esta ley se verifica para las buenas o malas ideas.

La joven señora dejó de impedir el paso a su respuesta mediante afirmaciones como éstas: "Nunca lograré una respuesta. No sé que hacer. Estoy confusa." Llegó a una conclusión definitiva en su mente subconsciente al saber que la inteligencia infinita de dentro de su subconsciente sabe únicamente la respuesta.

Rezó constantemente en esta forma: "La inteligencia infinita es omnisapiente. La sabiduría de mi mente subconsciente me revela las respuestas adecuadas. Soy divinamente guiada en

cuanto a mi hogar y a la elección de mi marido; confío en que
la inteligencia infinita conoce mi talento oculto y me guía hacia mi verdadero lugar en la vida, donde hago lo que me agra-
da hacer, divinamente feliz y divinamente hecha prosperar."

Esta mujer aceptó un puesto en un bufete, contrajo matrimonio con su jefe y actualmente ambos viven en casa de ella.
Hubo una solución perfecta y la respuesta ideal a todas sus
peticiones. La sabiduría del subconsciente averigua el pasado.

Sabio pensamiento

Si su pensamiento es prudente, la respuesta o reacción será
sabia. Su acción es sólo la expresión exterior de su pensamiento. Su acción constructiva o decisión no es sino la manifestación de un prudente o adecuado pensamiento que se aloja en
su mente.

Después de implorar orientación o la respuesta a un problema particular, no desatienda los escalones que sean eviden-
tes o convenientes para sus fines. Evitará la obstrucción a su
respuesta cuando simplemente piense en la solución, sabiendo
que su pensamiento activa al subconsciente el cual sabe todo,
ve todo y tiene la habilidad de la realización.

Opte por la confianza, el triunfo y la victoria

La Biblia dice: *Decidid hoy a quién serviréis*. La clave de
la salud, de la felicidad, de la paz de espíritu y de la plenitud
se encuentra en la capacidad para *elegir*. Cuando aprenda usted a pensar rectamente, dejará de optar por el dolor, la miseria, la pobreza y las limitaciones. Por el contrario, escogerá
en la tesorería del infinito que está dentro de usted. Proclama-
rá insistente y decididamente: "Yo elijo la felicidad, la paz.
la prosperidad, la sabiduría y la seguridad."

En el momento en que llegue a esta conclusión definida en
su mente consciente, su mente subconsciente, llena de la fuerza

y la sabiduría del infinito, vendrá en su ayuda. La orientación vendrá y el camino o trayectoria de la realización se descubrirá a usted.

Declare definitiva y positivamente, sin la menor vacilación o temor: "Sólo existe una fuerza de creación y es la fuerza de mi muy profundo ser. Hay una solución para cada problema. Sé esto, lo proclamo y creo en ello." Tan pronto afirme estas verdades con valor, recibirá la orientación conveniente para todos sus objetivos, y las maravillas ocurrirán en su vida.

Cómo se impuso a la frustración

Estar frustrado es estar confuso, desorientado, perplejo o impedido para la consecución de sus propósitos. En verdad el temor está más allá de toda frustración, pues el hombre cree que está frustrado, obstaculizado e inhibido por fuerzas exteriores, y por lo tanto no puede realizar sus deseos. En otras palabras, piensa que su medio es superior a él mismo.

Un joven ingeniero me dijo hace algunos meses: "He estado trabajando para un jefe por más de quince años; no me han ascendido. Mi talento se está desperdiciando. ¡Estoy tan frustrado! Odio a mi jefe que es un ignorante y acabo de abandonarlo y de conseguir otro empleo. Pero salí de la sartén para caer al fuego. Este nuevo empleo es peor."

Este ingeniero temía que nunca progresaría en su trabajo por causa de su edad y origen racial. Fue criado por un padre dominante, tiránico y puritano que era típico de las tradiciones de Nueva Inglaterra. Estaba resentido hacia su padre y no le había escrito durante varios años.

Por otra parte, tenía un complejo de culpa y temía el castigo por el odio y el resentimiento hacia su padre. Me decía: "Supongo que Dios me la tiene reservada."

Lenta pero seguramente empezó a ver que se estaba rebelando contra la autoridad en la misma forma que se había rebelado interiormente contra su padre. Comenzó a hacerse claro en él que en realidad estaba transfiriendo la culpa de sus propios defectos, errores y malas acciones a sus superiores en el trabajo. También atribuía a aquéllos con autoridad sobre él sus inaceptables impulsos y pensamientos.

Logró imponerse a su sentimiento de frustración percibiendo primero que efectivamente estaba obstaculizando el mismo desarrollo de su temor, resentimiento y odio. Decidió orar a mañana y tarde en esta forma: "Deseo a todos los de la fábrica en que trabajo salud, felicidad, paz y progreso. Mi patrón me felicita por mi trabajo; delíneo esta imagen en mi mente con regularidad y sé que llegará a suceder. Soy amoroso, bondadoso y comedido. Pongo en práctica la ley de la caridad y con sinceridad trato a todos en la misma forma que me agradaría me trataran. La inteligencia divina me gobierna y me orienta durante todo el día y me hace prosperar en toda forma."

Al impregnar su mente regular y sistemáticamente con estos pensamientos, pudo con buen éxito dar origen a una nueva actitud mental de naturaleza constructiva que hizo cambiar su vida entera para bien.

Cinco empleos en cinco meses

En cierta ocasión aconsejé a un joven que temía a la vida, al futuro y a la gente. Lo aterrorizaba pensar que cualquiera que fuese el puesto que lograra, no les agradaría ni a su jefe ni a los demás empleados y que sería despedido. Sufría de insomnio, alcoholismo y melancolía. Era también irresponsable, negligente, flojo, tosco y falto de celo, comprensión y solicitud.

Le expliqué que su actitud dominante de temor desfiguraba todo; que su abatida actitud le ocasionaba aparecer en la vida desde un punto de vista negativo u oscuro. Las buenas noticias que de cuando en cuando recibía de su familia sólo le producían un temporal estado de alegría, que en pocos minutos se ahogaba sin remedio en su predominante actitud melancólica y deprimida.

LA PODEROSA LEY DEL VALOR

Por sugerencia mía este hombre tomó un curso sobre retórica y otro curso en una escuela nocturna acerca de los fundamentos de los negocios donde, con diligencia, iniciativa personal y aplicación aprendió los principios del mundo del comercio. Empezó a orar en busca de guía y prosperidad, proclamando con regularidad que Dios lo orientaba en todos sus caminos, y que lo hacía prosperar incluso más allá de sus más preciados sueños.

Gradualmente empezó a morir el "hombre viejo" y "resucitar el hombre nuevo". Desarrolló el entusiasmo, la perseverancia, el tesón, y con el tiempo se convirtió en capataz del taller en que trabajaba. Se volvió feliz y alegre, y empezó a expresar la salud, la armonía y el vivir verdadero.

Este hombre aprendió que en la práctica toda enseñanza, sea institucional, religiosa o seglar, tiene por propósito real el incentivo de la actitud mental hacia la vida, la gente y los hechos. El primer paso para erradicar sus anormales temores y para su ascendente marcha fue corregir su actitud hacia la vida.

Cómo darse cuenta de sus deseos

Nadie puede servir a dos amos. Un hombre no puede esperar realizar el deseo de su corazón si cree que existe una fuerza que obstaculiza ese deseo. Esto crea un conflicto y su mente se divide. Permanece quieta y no va a ninguna parte. Su mente debe desenvolverse como una unidad. El infinito no puede dividirse o multiplicarse. El infinito debe ser uno, una unidad. No pueden existir dos infinitos, pues uno reñiría con el otro; se neutralizarían o se cancelarían uno al otro. Tendríamos un caos en lugar de un cosmos. La unidad del espíritu es una necesidad matemática para que no haya oposición de la única fuerza. Si existiese una fuerza que retase a Dios, o al infinito, dejaría Dios de ser omnipotente o supremo.

Usted puede ver que la confusión y el caos reinan en la mente de las personas que creen en dos fuerzas opuestas. Su mente está dividida porque tiene dos amos, y esta creencia ocasiona un conflicto haciendo que su fuerza y resistencia quede dividida. Aprenda a ir en una sola dirección creyendo sólo que Dios, que le dio a usted el deseo, le enseñará también cómo realizarlo.

Haga un inventario personal

¿Experimenta usted fricciones, malos entendidos y resentimiento en sus relaciones para con los demás? Estos desajustes personales poco satisfactorios son debidos a las malas compañías que frecuenta en su pensamiento. Cuando usted era joven, su madre le advertía que se apartase de las malas compañías y, si desobedecía, lo zurraban fuertemente. De una manera un tanto parecida, no debe andar por los oscuros callejones de su mente en compañía del resentimiento, del temor, de la preocupación o de la hostilidad; éstos son los ladrones de su pensamiento que lo despojan del aplomo, del buen juicio, de la armonía y de la salud.

Positiva y definitivamente usted debe negarse a andar y hablar con ellos en las galerías de su pensamiento. Por el contrario, debe convertir en una práctica el andar por las iluminadas calles de su pensamiento, asociándose con las encantadoras y espirituales compañías que se llaman confianza, paz, fe, amor, regocijo, buena voluntad, salud, orientación, inspiración y plenitud. Puede usted elegir sus compañías dentro del mundo objetivo y estoy seguro que cuando así lo haga, elegirá de acuerdo a los criterios de honestidad e integridad.

Usted escoge su ropa, su trabajo, sus amigos, profesores, libros, su casa y sus alimentos. Es un ser selectivo y volitivo. Cuando escoge algo, expresa una preferencia por una cosa sobre otra, pudiendo ser un sombrero o un par de zapatos. Habiendo hecho un inventario personal del contenido de su mente, opte por la salud, la felicidad, la paz y la abundancia, y cosechará fabulosos dividendos.

La comprensión elimina sufrimiento innecesario

Debe renunciar a sus falsas creencias, opiniones y teorías y cambiarlas por la verdad que lo libera. No es víctima de sus cinco sentidos; tampoco es controlado por las condiciones externas o por el medio. Puede alterar las condiciones cambiando su actitud mental. Su pensamiento y sus sentimientos crean su destino y determinan sus experiencias. Por lo tanto, ya no puede culpar a los demás de su miseria, dolores o fracasos.

Cuando aprecie con claridad que aquello en lo que piense, sienta, crea y a lo que dé consentimiento, consciente o inconscientemente, determina todos los sucesos, hechos y circunstancias de su vida, dejará de sentir temor y resentimiento, y de condenar y culpar a los demás. Descubrirá que no hay nadie a quien cambiar, sino a usted mismo.

Usted crea su propio cielo

Durante innumerables siglos el hombre ha mirado fuera de sí y ha llenado su pensamiento de celos, odios, temores, resentimientos y depresiones debidas a sus creencias de que los demás estropeaban su felicidad y ocasionaban sus malestares. Ha creído ser víctima del destino, de la casualidad y de los accidentes, creyendo que existían otras fuerzas perjudiciales a su bienestar. Su mente está llena de toda clase de ideas extrañas, supersticiones, ansiedades y complicadas filosofías acerca de demonios, entidades malignas y fuerzas malévolas.

La verdad es que el pensamiento del hombre es creativo; su pensar habitual se convierte en su plenitud o su pobreza. El hombre debe despojarse de todo concepto erróneo o falso y darse cuenta de que construye su propio cielo —la armonía y la paz— y su propio infierno, la miseria y el sufrimiento, aquí y ahora.

Un hombre puede influir en su subconsciente de manera positiva o negativa. La mente subconsciente es siempre amoral e impersonal y no tiene ética ni sentimientos. De aquí que si los pensamientos del hombre son de naturaleza perversa, la ley del subconsciente automáticamente pondrá en acción y experimentación estos pensamientos. Si los pensamientos del hombre son buenos, la ley del subconsciente producirá sólo buenas experiencias y circunstancias felices.

Ésta es, ni más ni menos, la ley de la causa y el efecto, una ley universal e impersonal.

Retribución y recompensa

Su retribución y recompensa dependen de la forma en que use usted su mente. Si forma una decisión en su mente, invoca la matemática y ecuánime ley de su subconsciente, sufrirá pérdidas, como resultado de su errado juicio o decisión. La ley de la acción y reacción es de categoría universal en la naturaleza. Si sus pensamientos son sabios, sus actos serán sabios.

Dios no es vengativo, sino que la ley impersonal de su propia mente reacciona y da respuesta de acuerdo a lo que se registra en ella. Su sentir acerca de la vida ocasiona lo que parece asimilarse a la venganza cuando duerme ante el trabajo de su mente. Efectivamente, está experimentando la ley de acción y reacción, que es siempre igual, exacta y precisa. No habría sentido en culpar a un lago si su amigo llegase a caer en él y se ahogara si no supiera nadar. Usted no acusaría al lago por venganza; el agua es absolutamente impersonal.

> *Envié a mi alma a través del infinito*
> *Alguna carta de aquella otra vida que leer,*
> *Y de inmediato volvía a mí el alma*
> *Y decía: "Yo misma soy morada de Dios y de Lucifer".*
>
> Omar Khayyam

El lugar secreto

Le sugiero que frecuentemente detenga las ruedas de su pensamiento y se explaye en estas grandes verdades eternas que

viven en el corazón de todos los h
la siguiente oración regular, sistem
tirá rejuvenecido, revigorizado y adqu.
mental y física:

El que habita al amparo del Altísimo y mora a la ..
Todopoderoso.

Habito en el lugar secreto del Altísimo; éste es mi propia mente.
Todos los pensamientos que albergo conforman a la armonía, la
paz y la buena voluntad. Mi mente es la morada de la felicidad,
del regocijo y de un hondo sentimiento de seguridad. Todos los pensamientos que se introducen en mi mente contribuyen a mi regocijo,
mi paz y bienestar general. Vivo, me muero y tengo mi ser en la
atmósfera de buen compañerismo, de amor y de unidad.

Toda la gente que habita en mi pensamiento son hijos de Dios.
Estoy en paz en mi mente con todos los miembros de mi casa y con
toda la humanidad. El mismo bien que deseo para mí mismo, lo
deseo para todos los hombres. Ahora vivo en la casa de Dios. Demando la paz y la felicidad, pues sé que viviré en casa del Señor
por siempre.

IMPORTANTES CONSEJOS

1. Erradique los temores uniéndose mental y emocionalmente con
   la divina presencia de su interior.
2. Si no puede averiguar algo, interrogue a su subconsciente y él
   le descubrirá la respuesta.
3. En muchas ocasiones el odio es la causa del temor a ser castigado. Perdone a los demás y libérese.
4. El temor al fracaso atraerá al fracaso. Esté en espera del buen
   éxito y la fortuna le sonreirá.
5. Si está usted limitado o restringido, obtenga una visión mental
   y adhiérase a ella. Sea fiel a ella e irá hacia donde se encuentra su visión.
6. El temor está más allá de muchos malestares físicos. Colme su
   mente con amor y buena voluntad y será libre.
7. Nunca diga: "estoy lleno de temor", o "estoy todo confuso".
   Su subconsciente interpreta estas afirmaciones a la letra y usted
   permanece confundido.
8. Sí sus pensamientos son sabios, sus actos también lo serán.

9. La clave de la salud, la felicidad y la paz de espíritu se halla en la capacidad para elegir la vida plena.

10. No tiene usted que estar frustrado. Dése cuenta que Dios, quien le dio el deseo, hará que se realice por voluntad divina. No existe fuerza que se oponga a la omnipotencia.

11. Una actitud cambiada lo altera todo. Vuélvase entusiasta, crea en sí mismo y en sus ocultos poderes y las maravillas ocurrirán en su vida.

12. El hombre con dos mentes es inestable en todo su comportamiento. Tenga una sola mente. Reconozca la fuerza única y entonces su mente se desenvolverá como una unidad.

13. La causa de todo el malestar en su vida se debe a la clase de compañías que frecuenta en su pensamiento. Haga un inventario ahora.

14. Sus pensamientos y creencias crean su destino. No hay nadie a quien culpar, sino a usted mismo.

15. El hombre crea su propio cielo e infierno en todo momento, pensando en la forma en que lo hace durante todo el día.

16. La retribución o la recompensa dependen de cómo usa usted su mente. La ley de acción y reacción es universal en toda la naturaleza. Piense bien y llegará el bien. Piense mal y llegará el mal.

La maravillosa ley de la tranquilidad

El sentimiento de seguridad o de inseguridad es debido principalmente a su visión de la vida. Un distinguido médico investigador, asociado a la universidad de California, en Los Ángeles, me dijo un día que nunca se ha encontrado algún paciente con acentuado sentimiento de inseguridad, que sufra de inquietud crónica, de complejos de temor o de desórdenes mentales de ninguna clase.

El médico atribuía este sentimiento de tranquilidad a una fe constante y confianza en alguna fuerza suprema que ve por el hombre en todas formas.

Si usted no ha sabido nada acerca de su propia grandeza esencial, ni de las infinitas riquezas de su interior, tiende a hacer mayores los problemas y dificultades a que se enfrenta, impartiéndoles el poder y la magnitud que deja de atribuirse a sí mismo. Una de las principales razones de sus sentimientos de inseguridad es que hace de las exterioridades de la vida *causas,* no dándose cuenta que son *efectos.*

Cómo lograr sentimientos de seguridad

Lo primero de que debe usted darse cuenta es que no existe seguridad real paralelamente a su sentimiento de unidad con Dios, la fuente de toda bendición. Aplicando los principios que se describen en este libro usted podrá desarrollar un sentimiento de seguridad interior práctico, factible, sano y extraordinario.

Dentro de cada uno de nosotros existe un impulso que reclama la unión con una eterna fuente. Únase ahora con esta fuerza infinita y de inmediato se investirá de su resistencia.

Se encuentra usted sumergido en un infinito océano de vida —el pensamiento infinito— que constantemente penetra en usted, íntegramente, en el que vive, se mueve y *mantiene* su ser. Recuerde que esta fuerza infinita nunca ha sido derrotada ni frustrada por cosa alguna fuera de ella misma. Esta fuerza infinita es omnipotente y cuando usted conscientemente se una a ella a través de su pensamiento o sentimientos, al momento será superior a aquello a lo que temía.

Él infinito descansa en estrecho y placentero reposo dentro de usted; es éste el verdadero estado de su mente. La fuerza y la sabiduría de su pensamiento infinito se hacen activas y potentes en su vida en el momento en que reconoce usted su existencia y establece contacto con Él. Si así lo hace ahora, experimentará de inmediato un extraordinario sentimiento de seguridad íntima y descubrirá la paz que se sobrepuso al entendimiento.

Dejó de orar contra de sí mismo

Me gustaría citar el siguiente caso: Un amigo mío se vio envuelto en un prolongado juicio de demanda que le había costado una considerable cantidad de dinero en gastos legales. Su abogado le había dicho que posiblemente perdería el caso, lo que significaba que quedaría más o menos sin un centavo. Estaba aterrorizado y mientras discutía el asunto conmigo, dijo que no le quedaba nada por qué vivir, que lo único que se podía hacer era *terminar con todo*.

Le expliqué que expresiones como éstas eran grandemente destructivas y que sin duda representaban un papel preponderante en el alargamiento del caso. Cada vez que este hombre pronunciaba estas negativas palabras, en verdad estaba orando en contra de sí mismo.

Le hice una simple pregunta: ¿Qué harías si en este momento te dijera que se había llegado a una perfecta y armoniosa solución y que el caso había concluido?

Contestó: "Quedaría encantado y eternamente agradecido, sabiendo que todo estaba concluido".

Entonces estuvo mi amigo de acuerdo en notar que su pensamiento interior y callado se ajustaría al propósito deseado, que era una ventajosa conclusión del asunto legal. Regular y sistemáticamente aplicó la siguiente oración que le di: "Doy gracias por la perfecta y armoniosa solución que se efectúa por intercesión de la sabiduría del Omnisciente."

Frecuentemente repetía esta oración durante el día y, cuando las dificultades, las dilaciones, los reveses, las discusiones, las dudas y el temor llegaban a su mente, pronunciaba en silencio la verdad. Dejó completamente de hacer afirmaciones negativas, y controló también sus silenciosos pensamientos, sabiendo que su pensamiento interior y sus sentimientos se manifiestan siempre con claridad.

Es lo que en su interior siente uno lo que se manifiesta. Puede usted expresar una cosa con la boca y sentir de otra manera en el corazón; es lo que usted siente en su interior lo que se reproduce en la pantalla del espacio.

Aprendió este hombre mediante la práctica y la disciplina a nunca afirmar exteriormente nada que no quisiese experimentar dentro de sí mismo. Sus labios y su corazón concordaron en una armoniosa solución a su problema legal y la justicia divina prevaleció. Se obtuvo información adicional de una inesperada fuente y la demanda se resolvió de manera que él no sufrió pérdidas económicas.

Mi amigo se había dado cuenta que su seguridad dependía de su alineamiento con la presencia infinita, que se desenvolvía como unidad, armonía, justicia y recta acción, descubriendo que nada se podría oponer a la fuerza infinita que mueve al mundo y al universo.

El final de mi camino

Recientemente un joven me dijo: "Estoy al final del camino. Padezco un trastorno sanguíneo incurable". Estaba lleno de duda, ansiedad y temor. Repetidamente sus parientes le recordaban que tardaría mucho tiempo en sanar y que su mal podría ser incurable. Afortunadamente su prudente médico lo animaba y le aconsejaba que se mantuviese lejos de sus parientes.

Le expliqué que su mente subconsciente estaba recibiendo todas las afirmaciones negativas que hacían acerca de él sus parientes y que al menos que persistiese en escucharlas, no podría curarse. Estaba intranquilo porque no sabía que la infinita presencia curativa que había creado su cuerpo podía curar su propia obra.

Este joven empezó a hablar en diferente tono a su mente subconsciente. Mientras escuchaba ávida y atentamente, le ordené que proclamara lenta, silenciosa, amorosa y sentidamente la siguiente oración:

La inteligencia creativa que hizo mi cuerpo ahora renueva mi sangre. La presencia curativa sabe sanar y ella transforma cada célula de mi cuerpo de acuerdo al perfecto patrón divino. Veo y oigo al doctor decirme que estoy sano. Tengo ahora esa imagen en mi mente. Lo veo claramente y escucho su voz; me dice: "¡Juan, está usted sano! ¡Es un milagro!" Sé que estas constructivas imágenes descienden hasta lo profundo de mi mente subconsciente, donde se desarrollan y se suceden. Sé que ahora la infinita presencia curativa me restaura, a pesar de toda evidencia sensorial que indique lo contrario. Siento esto, creo en ello y ahora me identifico con mi propósito: la salud perfecta.

Repetía esta oración cuatro o cinco veces al día particularmente antes de quedarse dormido por la noche. Debido a sus antiguos hábitos, veía en ocasiones a su mente andar a rienda suelta y se encontraba desesperado, molesto y preocupado recordando el fallo de los otros y sus repetidos fracasos en el proceso de curación. Cuando estos pensamientos llegaron a su mente, aprendió a emitir una orden: "¡Deténganse! Soy el amo de todos mis pensamientos, imágenes y respuestas, y ellas deben obedecerme. De ahora en adelante todos mis pensamientos están en Dios y en su fuerza curativa. Es así como alimento a mi subconsciente; me identifico constantemente con Dios y mi pensamiento interior y sentimientos son: "¡Gracias, Padre!" Hago esto cien veces al día, o mil veces, si es necesario."

Este joven obtuvo curación del estado de su sangre en tres meses. Mediante la repetición, la oración y la meditación estableció nuevos hábitos de pensamiento positivo y logró orientar su mente subconsciente de acuerdo a sus deseos. Demostró la verdad de la Biblia: *"Tu fe te ha sanado."* (Mateo 9:22.)

Su seguridad no se determina por las acciones, los bonos, las propiedades u otras inversiones. La seguridad depende de su íntimo sentimiento de seguridad, que es su sentimiento de fe y confianza en la eterna disponibilidad del amor y suministro de Dios, que satisfacen todas sus necesidades en cada instante del tiempo y en cada punto del espacio.

Sobre la seguridad no se legisla

Ningún gobierno, sin importar qué tan bien intencionado pudiera ser, puede garantizarle paz, felicidad, regocijo, abundancia o seguridad. No puede determinar todos los hechos, circunstancias y experiencias por las que pasará durante la jornada de su vida. Cataclismos impredecibles, inundaciones, terremotos, tifones y monzones tendrán lugar, los cuales pueden destruir ciudades y propiedades y acabar con las posesiones de millares de personas. Las guerras, los levantamientos y los pronunciamientos políticos ocurren de tiempo en tiempo, teniendo efectos imprevistos sobre la moneda y la propiedad real. Las tragedias internacionales y el temor a la guerra han tenido catastróficos efectos en los mercados de valores mundiales, que se han desquiciado en múltiples formas.

Todos los bienes materiales son vulnerables al cambio y, en verdad, no existe seguridad real en las acciones, los bonos o en el dinero depositado en bancos. Por ejemplo, el valor de un billete de banco depende de la integridad y de la honestidad de nuestro gobierno y de su habilidad para sostener una firme moneda. El cheque de un banco o de otra persona es en realidad un trozo de papel y su valor depende de la honestidad y de la integridad del que gira el cheque, o de su fe en la solvencia del banco.

Rece y proteja sus inversiones

Si dedica algo de tiempo y atención cada día a la meditación científica y a la oración experimentará usted una actitud mental cambiada y no podrá —ni habrá de sufrir— los muchos riesgos y catástrofes que se enumeran en este capítulo.

Camine en el sentimiento de las subsistencias eternas de Dios. Sepa en el corazón que la avasalladora presencia vela por usted en todos sus caminos. Recuerde que a menos que mantenga una conciencia de la prosperidad, no puede sufrir pérdidas. Por ejemplo, si su pozo de petróleo repentinamente se secó, siendo ésta la vía por la que le llegan sus ingresos, automáticamente llegaría usted a tener tanto dinero como necesitase de alguna otra fuente.

Definitivamente, la cantidad que recibiría igualaría a los ingresos que había obtenido con anterioridad del pozo de petróleo.

Cuando en su mentalidad forme usted la conciencia de la eterna fuente de subsistencia, no podrá quedar empobrecido y sin importar qué forma adopte la riqueza, será siempre abastecido ampliamente con ella.

La oración controló sus alternativas

Hace unas semanas hablé con un hombre que se quejaba amargamente de las fluctuaciones. Decía: "A veces hago una pequeña fortuna en el mercado de valores y poco después obtengo grandes pérdidas. En otras ocasiones, gozo de magnífica salud, mas periódicamente me encuentro en el hospital por diversos padecimientos. La fortuna y el infortunio son mi patrimonio. ¿No puede hacerse algo para detener estas grandes oscilaciones del destino?"

Le expliqué a este hombre que es posible mantener un ritmo constante y llegar a una vida equilibrada en la que la serenidad y la tranquilidad reinen soberanas. Es cierto que muchas personas un día van del regocijo y al otro día al ánimo deprimido, cuando algo anda mal.

Mucha gente va constantemente del "domingo negro" al "martes brillante".

Se dio cuenta este hombre que la vida sería muy insípida, aburrida y monótona sin ninguna variación, objeción o problema. Las tragedias, las emergencias y las exigencias llegan a la vida de casi todas las personas.

Es posible regular nuestras reacciones emocionales de modo que ni el ritmo ascendente ni el descendente se acentúen excesivamente.

El primer paso que tuvo que tomar este hombre fue adquirir premeditadamente el control mental y emocional. Pronto se dio cuenta que podía mantener su ecuanimidad a pesar de las circunstancias. Al hablar acerca de los infortunios y vicisitudes del hombre, Marco Aurelio dijo: "Nada ocurre a ningún hombre que por naturaleza no haya sido hecho para producir". En Hawai un guía le enseñará la barraca en que el gran escritor Roberto Luis Stevenson escribió su obra maestra, *La isla del tesoro*, ¡a pesar de la circunstancia de que sufría de un agudo caso de tuberculosis!

Di a mi amigo una receta espiritual a seguir, con la que llegaría a encontrar la fortaleza y la seguridad del reino de Dios de su interior. Durante el día oraba frecuentemente, confiado en estas eternas verdades:

Su firme ánimo conservará la paz, porque en ti pone su confianza (Isaías 26:3.) Sé que los últimos deseos de mi corazón provienen de Dios, dentro de mí. Dios quiere que yo sea feliz. La voluntad de Dios es para mí la vida, el amor, la verdad y la belleza. Ahora acepto mi bien mentalmente y me convierto en perfecto conducto del Divino. Soy expresión de Dios. Soy divinamente orientado en todos mis caminos y estoy siempre en el lugar adecuado, haciendo lo que adoro hacer. Me niego a aceptar como verdades las opiniones del hombre, pues mi mente es parte de la mente de Dios y reflejo siempre la sabiduría y la inteligencia divina. Las ideas de Dios se desarrollan dentro de mi mente en secuencia perfecta. Estoy siempre sereno, equilibrado, con aplomo y calma, pues sé que Dios me descubrirá siempre la solución perfecta a todas mis necesidades. El Señor es mi pastor; nada bueno me hará falta ya. Soy divinamente activo y divinamente creativo. Siento y palpo el ritmo de Dios. Escucho la melodía de Dios que susurra su mensaje de amor para mí.

Siguió una vida completamente balanceada después que a sí mismo se hizo parte de la consumación de Dios, pensando en la forma anterior.

Cómo remedió su sentimiento de pérdida

Una joven mujer me dijo durante unos funerales llevados a cabo recientemente: "Mi padre cambió su testamento y dejó todo a mi hermano. He perdido todo. Tenía en el corazón la esperanza de recibir la mitad de los bienes".

Esta joven experimentaba un profundo sentimiento de pérdida y temía al futuro. Una vez que sabe usted cómo usar su mente, el temor puede ser siempre remplazado por la fe en Dios y por todas las cosas buenas. Al hablar con ella le expliqué que en realidad ella nunca podría perder nada, a menos que en su mente aceptase la derrota, como en todas las experiencias que tienen lugar en el pensamiento.

Digamos que he "perdido" mi reloj de pulso. Esto en verdad significa que se encuentra en alguna parte, pero no puedo encontrarlo ahora mismo. Sé que puede habérseme caído por la calle, o tal vez lo olvidé en alguna caseta telefónica, o podría ser que un carterista lo tuviese. Cualquier cosa que le hubiere sucedido, el reloj no está perdido en la mente infinita de Dios. "Nada está perdido en mi sagrada montaña". La mente infinita penetra y habita en cada partícula de materia del universo. La idea de un reloj se encuentra en la mente, y aunque mi reloj pudo haber sido destruido, la mente del hombre puede crear millones de relojes. En otras palabras, Dios no puede perder nada.

Decidió poner remedio a su temor a las pérdidas y a su profundo sentimiento de inseguridad, que le habían causado tanta angustia mental. Su primer paso fue adquirir comprensión de la ley del pensamiento que dice que nadie puede desposeernos del bien sin nuestro consentimiento mental, por creer o temer pérdidas. El segundo paso fue el hacer una elección mental definitiva, sabiendo que elegir las riquezas y poder de Dios, si es debidamente atendido y se adhiere uno firmemente a ello, se aceptaría en su subconsciente y vendría a formar parte de su experiencia.

Su tercer paso fue mantenerse fiel a la idea de que la riqueza de Dios se instilaba en su experiencia, sabiendo en el corazón que de su creencia en las promesas de Dios derivaría su consecución. Esta actitud mental desvaneció rápidamente su sentimiento de pérdida. Su mente comenzó a moverse con la mente de Dios: en una dirección. ¡Cuán incongruente y ridículo sería suponer que la mente infinita de Dios pudiese moverse en dos sentidos!

La oración siguiente fue el cuarto paso:

Y la quietud y la confianza serán vuestra fuerza. (Isaías 35:15.) Sé que mi íntimo sentimiento de seguridad se basa en el saber que Dios se ocupa de mí y en que tengo confianza en su dirección. Mi mayor seguridad es saber y sentir la presencia de Dios. Sé en lo profundo de mi corazón que Dios es la fuente de toda vida y bendición. Dios está en mí y es para mí, Él ve por mí, Él cuida de mí, me sustenta, me apoya y me ama. Mis pensamientos son de realización, ya que todos los deseos de Dios se efectúan siempre. Él

restauró mi alma y mi pensamiento de la vida. Su bondad y mise-
ricordia van tras de mí todos los días de mi vida, pues he decidido
estar mental y espiritualmente con Dios todos los días de mi vida.

Un mes después de haber orado en la forma anterior, se le
pidió que asistiese a una recepción política en Los Ángeles, durante la cual conoció a un médico notable. Tres meses más
tarde se casaron. Este médico le dijo que ella era la única mujer
de temperamento espiritual que había conocido y que estaba
hondamente impresionado de su aplomo, de su seguridad en sí
misma y de su íntimo sentimiento de tranquilidad. Su fe en la
cumplimentación de su oración obró resultados.

La vida es siempre predominantemente justa. Los altibajos,
las enfermedades, los disturbios, los conflictos y los infortunios
que a veces afectan nuestra existencia son consecuencias de nuestro mal empleo de las leyes del pensamiento y los resultados de
nuestras falsas y supersticiosas creencias.

Construyendo un futuro glorioso

Vaya al trabajo con el pensamiento en contacto con el infinito y proclame valerosamente: "Estoy circundado de cantos
de liberación". El Dios Todopoderoso está dentro de usted. Está
usted provisto para llevar una vida gloriosa y extraordinaria,
pues todo el poder de Dios está disponible para usted. Debe
liberar su sabiduría, su fuerza y su gloria en la vida.

Si no usa sus músculos, se atrofiarán en forma inevitable.
Usted tiene "músculos" mentales y espirituales que deben ser
ejercitados también. Si sus pensamientos, actitudes, motivaciones
y reacciones no son divinos, se rompe el contacto con Dios y se
vuelve un hombre deprimido, rechazado, temeroso, hosco y débil.

Mire a su interior. *El reino de Dios está dentro de vosotros.*
El poder, la sabiduría y la fuerza de Dios para encarar alguna
y todas las amenazas está dentro de usted. En el libro de Daniel
(Cap. II, v. 32). se lee:

El pueblo que conozca a Dios obrará con firmeza y hará proezas. Mirad, yo soy el Dios de toda carne. ¿Hay algo difícil para mí?

(Jeremías 32:27.)

UN SALUDABLE REPASO

1. Sus preocupaciones o temores en realidad se deben a que ha dejado de alinearse con el infinito, que no conoce el temor ni la oposición.

2. Ninguna seguridad real puede tener lugar lejos de su sentimiento de unidad con Dios.

3. Su íntimo y callado pensamiento debe concordar con sus propósitos en la vida; de otra manera su oración no puede recibir respuesta.

4. Cuando usted niega constantemente con la mente lo que afirma exteriormente, no puede lograr la salud.

5. El sentimiento real de seguridad no depende de los bonos, las acciones o de los bienes reales. El sentimiento real de seguridad se basa en la fe y en la confianza en Dios, el dador de todos los dones.

6. Un gobierno no puede garantizar la paz, la seguridad ni la felicidad. Usted decreta su propia seguridad, su paz, su regocijo y su salud mediante las leyes de su pensamiento.

7. Protege sus inversiones sabiendo que todas sus posesiones son guardadas por la avasalladora presencia, que permanece usted constantemente en el lugar secreto.

8. Evite los altibajos dándose cuenta de que la ley y el orden divinos gobiernan su vida y que Dios piensa, habla, actúa y dirige todos sus propósitos.

9. El temor puede ser remplazado por la fe en Dios y en su eterna providencia. *En la tranquilidad y en la confianza descansa vuestra fuerza.*

10. Usted puede llevar una vida gloriosa y maravilosa uniéndose con Dios, sabiendo que la fuerza, la sabiduría y la resistencia de Dios han de enfrentarse a todos los problemas. Cuando usted comience, Dios comenzará. *Yo y mi Padre somos Uno.*

La ley mágica de la nutrición de la mente

He conocido gente que ha tenido la más variada alimentación y una dieta perfectamente balanceada, de acuerdo a las leyes de la nutrición y, sin embargo, han llegado a desarrollar úlceras, cáncer, artritis y otras enfermedades destructivas y degenerativas.

El alimento de sus experiencias, de sus circunstancias y sucesos es su pensamiento acerca de la vida. Su pensamiento habitual nutre y mantiene sus condiciones y las hace que se incrementen y engrandezcan en la experiencia. Los pensamientos de temor, de preocupación y los raciocinios críticos, así como los de enojo y de odio son alimento de las enfermedades, de los desánimos, de los fracasos y de las miserias.

Sabemos que la criatura viviente va tras de su alimento. Los exploradores y científicos nos dicen que la vida animal está ausente en los lugares del globo donde el alimento es inasequible. Todos los géneros de vida proliferan donde el alimento es abundante. Cuando usted alimenta su mente con toda clase de alimentos negativos, llegan a su vida toda clase de enfermedades, de carencias, de miserias y de sufrimientos porque buscan su alimento.

Es usted lo que mentalmente come

Todos hemos escuchado la expresión: "Eres lo que comes". Si algo es cierto, existe una forma en que es verdadero. Usted es lo que come sicológica y espiritualmente. Los pensamientos de Dios, los pensamientos de amor, de bondad, de optimismo, de regocijo y de buena voluntad son los alimentos de la salud, el gozo, la felicidad y el buen éxito; si absorbe y digiere mentalmente una generosa dotación de estos alimentos, atraerá y experimentará en su vida todas estas cosas.

Si odia, si envidia, si es celoso y está lleno de hostilidad, el alimento físico que toma puede transformarse en diversas enfermedades de origen sicosomático. Por el contrario, si está lleno de buena voluntad y toma el alimento sobre la mesa con gozo y una acción de gracias, se transformará en belleza, vitalidad, salud y fuerza.

El pan o la carne que come se convierten en su sangre después de unas pocas horas. Éste es, en esencia, el significado de "eres lo que comes".

La importancia de la dieta

El alimento del cuerpo es muy importante. En la actualidad algunos de nuestros médicos investigadores más destacados señalan los peligros de la excesiva gordura, que interfiere la eficiencia mecánica de nuestros órganos vitales, como el corazón, los pulmones, el hígado y los riñones. Sabemos que muchas enfermedades mentales y físicas pueden resultar de la carencia de ciertas vitaminas y productos químicos. El beriberi, una enfermedad que se caracteriza por cambios inflamatorios múltiples en los nervios y que produce gran debilidad muscular, es producida por una insuficiencia de vitamina B. Estamos familiarizados con la necesidad del calcio suficiente para una madre encinta. La deficiencia de la vitamina A causa deletéreos efectos en los ojos, y la cantidad suficiente de proteínas es esencial para nuestro bienestar.

Todo esto es de lo más importante, pero nuestra dieta mental y espiritual es también de importancia superior.

LA LEY MÁGICA DE LA NUTRICIÓN DE LA MENTE

El pan de amor y paz

Conocí a un hombre que escribió un magnífico libro acerca de la nutrición. Era bastante científico y muy completo. Sin embargo, aquel hombre padecía agudas úlceras y era muy infeliz. Su médico le había prescrito una dieta simple, en la que se había mantenido durante ocho meses, con poca o ninguna mejoría. Esto se debía al hecho de que cuando leía los periódicos y escuchaba la radio y los reportajes de la prensa, presentando en primer plano el sufrimiento, el crimen, la injusticia y la crueldad del hombre con el hombre, se ponía furioso y escribía cartas plenas de veneno a los congresistas y otras personas, dejando escapar su desprecio y diciéndoles lo que pensaba de ellos. Además, las vejaciones, los conflictos y las discusiones durante su jornada de trabajo lo trastornaban excesivamente.

Este hombre cambió su dieta emocional y mental. El régimen mental fue el siguiente: "Voy a transformar todas las impresiones negativas que llegan a mí durante el día. De ahora en adelante, nunca permitiré que las noticias, la propaganda, las críticas o las afirmaciones negativas de los demás produzcan reacciones desfavorables en mí.

"Cuando esté tentado a reaccionar en forma negativa o vengativa, me detendré al momento y me diré con valor: «Dios piensa, habla y actúa ahora a través de mí. Su río de paz inunda mi pensamiento y mi corazón y me identifico con mi propósito, que es la paz y la armonía»".

Formándose el hábito de reaccionar en esta forma comía del pan del amor y la paz; así en un corto plazo obtuvo una sorprendente cura.

Su dieta mental y espiritual

La Biblia dice: "No comerás de lo abominable", lo que significa que no debe usted alojar o entronizar en su mente los pensamientos negativos del resentimiento, la mala voluntad, el cinismo, el odio o la cólera.

Distinguidos médicos investigadores y otros científicos señalan que tenemos un cuerpo nuevo cada once meses. Usted crea nuevas células todo el tiempo y si llena su pensamiento de las eternas verdades y valores espirituales de la vida, su cerebro enviará estas vibraciones espirituales a través del sistema nervioso a todo su cuerpo; entonces las nuevas células se enfrentarán a estas implicaciones espirituales, de tal modo que, como Job, podrá decir: ...*Desde mi carne veré a Dios.*

Necesita usted una dieta mental y espiritual especial. Se alimenta a diario a través de los cinco sentidos de un alud de visiones, sonidos y variados conceptos —buenos y malos—, aunque la mayoría de este alimento es altamente desagradable. Debe aprender a volverse a su interior, hacia Dios y reabastecerse desde el punto de partida de la Verdad. Por ejemplo, afirme frecuentemente con sentimiento: "Dios me guía ahora. El amor de Dios colma mi alma, Dios me inspira y Dios ilumina mi ruta por la vida. Irradio amor y buena voluntad para todos los que me rodean. La ley y la voluntad divinas gobiernan mi vida por siempre".

Esta oración es una maravillosa dieta espiritual para su mente. Las maravillas ocurrirán en su vida en cuanto haga de esta oración un hábito.

Sus conocimientos se hicieron saber del corazón

Un hombre me dijo en San Francisco: "He leído todos los libros acerca de la cura mental y yo mismo he escrito varios artículos sobre el uso de la fuerza sanadora del subconsciente, pero no he sido capaz de curarme yo mismo de un estado de colitis crónica".

Al hablar con él encontré que había dejado de meditar, de reflexionar y digerir mentalmente lo que leía y escribía de los poderes curativos de la mente subconsciente, con el fin de que esta virtud se incorporase en realidad a su propia mente subconsciente.

Había estudiado las diversas religiones del mundo, leído un gran número de inspiradores libros, había estudiado numerología y astrología y daba la impresión de ser un miembro fundador de alguno de los nuevos y extranos cultos. Se hallan tan embrollado, tan perplejo y confuso que en verdad estaba desorientado y desbalanceado mental y emocionalmente. Diseñé un sencillo plan para él, sugiriéndole que eligiese lo que es eternamente verdadero y que todas sus lecturas, su pensamiento de vida, su instrucción y sus decisiones debían satisfacer y conformar a la siguiente norma: *Todo lo que es verdadero, lo que es honesto, todo lo justo, lo puro, lo amable, todo lo que es de buen nombre; si hay virtud alguna, si algo digno de alabanza, en en esto pensad.* (Filipenses 4:8.)

Aceptó este principio espiritual, que lo capacitó para elegir lo que es noble y divino en el santuario de su propio pensamiento. Algunas cosas, todo lo que no se ajustó a sus normas espirituales, fue rechazado positiva y definitivamente por indigno de la casa de Dios, su propio pensamiento. Meditó en la siguiente oración cinco o seis veces al día:

El que habita al amparo del Altísimo y mora a la sombra del Todopoderoso. Habito en el lugar secreto del Altísimo, es éste mi propio pensamiento. Todos los pensamientos que abrigo se ajustan a la armonía, la paz y la buena voluntad. Mi mente es la morada de la felicidad, del regocijo y de un profundo sentimiento de seguridad. Todos los pensamientos que entran en mi mente contribuyen a mi regocijo, mi paz y mi bienestar general. Vivo, me muevo y tengo mi ser en la atmósfera del buen compañerismo, del amor y la unidad.

Toda la gente que habita en mi pensamiento son hijos de Dios. Estoy en paz en mi mente con todos los miembros de mi casa y con toda la humanidad. El mismo bien que anhelo para mí mismo lo deseo para todos los hombres. Ahora vivo en la casa de Dios. Demando la paz y la felicidad, pues sé que viviré por siempre en casa del Señor.

Gradualmente su conocimiento de las ideas de Dios se convirtió en saber del corazón y su colitis crónica dejó de molestarlo.

Sus imágenes mentales lo sanaron

Conocí un hombre en la ciudad de Nueva York que nunca salía de su casa. Se negaba a salir a la calle, aun a su patio. Siempre que planeaba salir de su casa se imaginaba todo lo terrible que podría ocurrirle. Se sentía débil y mareado. Este estado se llama agorafobia. Dicho temor se originó durante su temprana infancia, debido al hecho de que cuando tenía unos cinco años se escapó de su casa y se perdió en el bosque durante varias horas. El recuerdo de haberse extraviado y la ansiedad derivada de ello se ocultaban en su mente subconsciente.

Se liberó a sí mismo usando su imaginación correctamente. Por sugerencia mía empezó a emplear diez minutos, tres veces al día, en imaginar que iba a bordo de un tranvía leyendo pacíficamente, o bien que visitaba tiendas, entraba a la biblioteca, compraba víveres o que hablaba con los amigos. Comenzó a sentir la realidad de todo esto.

Paso a paso estas constructivas imágenes penetraron en las más profundas capas de su mente subconsciente y borraron de su pensamiento los patrones de temor que se habían alojado ahí durante varios años. Aquello que imaginó y sintió ser verdadedo llegó a suceder realmente.

El corazón agradecido

Use frecuentemente la siguiente oración y se encontrará cerca de Dios, pues todo el alimento que tome se transformará en belleza.

Doy mi supremo reconocimiento a la presencia de Dios en mi interior. Sincera y honradamente doy las gracias por las bendiciones recibidas. Doy gracias por todo el bien de mi vida; vivo con el sentimiento de grato regocijo. Mi agradecido corazón se conmueve con la magia de la respuesta divina. A cada día de mi vida expreso mi gratitud por el conocimiento de las leyes del pensamiento y el camino del espíritu. Sé que el agradecimiento es primero un movimiento del corazón seguido por el de los labios. Mi erguido corazón abre la tesorería del infinito en mi interior y simboliza mi fe en la consecución de mis plegarias. Estoy sinceramente agradecido porque en medio de mí he encontrado a Dios. *Busqué al Señor, Él me escuchó y me libró del temor.* El que posee grato corazón está siempre en armonía con el infinito y no puede contener la alegría que surge de la contemplación de Dios y su sagrada presencia. Por todo, doy gracias.

PUNTOS CULMINANTES A RECORDAR

1. El alimento de sus experiencias, de sus condiciones y sucesos es su pensamiento de vida.
2. Todas las criaturas vivientes van tras de su alimento. Las enfermedades, las miserias, los dolores y los sufrimientos siguen a las actitudes mentales negativas porque buscan su alimento.
3. Es usted aquello que come mental y espiritualmente. Tome sus alimentos con regocijo y una acción de gracias.
4. El alimento del cuerpo es importante, pero nuestra dieta mental y espiritual es de suprema importancia.
5. Puede usted transformar mentalmente todas las impresiones negativas que le llegan a través de sus cinco sentidos. ¡Comience ahora!
6. Tiene usted un cuerpo nuevo cada once meses. Llene su mente de las eternas verdades y se verá rejuvenecido y revitalizado.
7. La aceptación intelectual no es suficiente. Las verdades que conscientemente acepta deben ser emotivas y sentidas como verdaderas, siendo de esta manera asimiladas por la mente subconsciente.
8. Sus conocimientos deben ser incorporados a su mente subconsciente —el corazón—; entonces esos conocimientos se convertirán en saber del corazón y sus plegarias recibirán respuesta.
9. Tome un descanso de sus temores cuando concentre su atención en cualquier cosa que sea verdadera, noble, elevada y divina. Cuando los pensamientos de temor llamen a las puertas de su mente, deje que su fe en Dios abra y no estará nadie allí.
10. El temor está basado en imaginaciones distorsionadas y deformadas. Imagine usted que está haciendo lo que teme hacer y la muerte del temor será segura.
11. El corazón agradecido está siempre cerca de Dios. Sea grato y bendiga su nombre.

La grandiosa ley del amor

Si quiere mantenerse saludable, vigoroso y fuerte, tiene que darse cuenta que no existe sino una fuerza, indivisible, y que su origen es el amor. Es el omnipotente principio de la vida, que se ha sobrepuesto a toda oposición en este mundo y que continúa conquistando, resultando siempre triunfante. Dése cuenta que es usted uno con esta divina fuerza. Ahora está aliado con ella y vendrán en su auxilio fuerzas poderosas.

El amor es siempre abierto

El amor debe tener un objeto. El amor es una implicación emocional. Usted puede enamorarse de la música, del arte, de un gran proyecto, de una causa o de sus ideales. Puede ser atraído por las verdades eternas. Podría quedar absorbido y fascinado por la ciencia y por muchas otras cosas.

Einstein amaba los principios de la matemática, quienes le revelaban sus secretos. Eso es lo que hace el amor. Los astrónomos se enamoran de la ciencia de la astronomía y constantemente nos revelan los secretos de los cielos.

¿Qué tanto desea ser una nueva persona?

¿Quiere abandonar su antiguo yo, con sus falsos conceptos y anticuadas ideas? ¿Está dispuesto a lograr nuevas ideas, otras imágenes, nuevos puntos de vista? ¿Es abierto y receptivo? Si lo es, debe renunciar a sus resentimientos, rencores, enojos, temores, celos y odios. Si desea ir de Los Ángeles a Nueva York, debe partir primero de aquel sitio. De la misma forma, si quiere ser una nueva persona debe renunciar a sus temores y odios, concentrando su atención en los conceptos de la armonía, de la paz, del regocijo, del amor y de la buena voluntad a fin de entronizarse en la alegría de vivir.

Por qué un actor falló tres veces

Un actor me dijo: "Voy a fallar. Voy a tocar una nota incorrecta. Voy a decir cosas incorrectas".

Sus vívidas imaginaciones estaban ubicadas en el fracaso. Tenía que enamorarse de un nuevo concepto de sí mismo para convertirse en el gran artista que es actualmente. Quedó emocionalmente fijo y absorto en una nueva valoración, en un nuevo plano de sí mismo.

Su oración de triunfo

Por sugerencia mía se aislaba en su cuarto tres o cuatro veces al día, donde no lo molestasen, arrellanándose cómodamente en su sillón y relajando su cuerpo al máximo. Esta inercia física hizo su mente más receptiva a sus afirmaciones. Aseguraba durante cinco minutos en cada sesión lo siguiente: "Estoy completamente relajado y en reposo. Estoy equilibrado, sereno y calmado. En la audición canto hermosa, majestuosa y gloriosamente. El auditorio me felicita. Estoy en paz con mi pensamiento".

Tuvo cierto número de dichas "sentadas" todos los días durante una semana, especialmente por las noches, antes de dormir. Habiendo llevado a cabo este plan con seguridad y convicción, progresó admirablemente y es ahora un magnífico actor, aclamado por millares de personas.

El amor a Dios y qué significa

Las palabras *Dios* y *bien* son sinónimas. Cuando usted mental y emocionalmente se una con la honestidad, la integridad, la justicia, la buena voluntad y la felicidad, estará amando a Dios porque estará adorando lo que es bueno. Ama usted a Dios cuando está fascinado, absorto y cautivado por la gran verdad de que Dios es Uno e Indivisible y que no existen divisiones ni querellas en Él. Amar a Dios es dar su lealtad y su devoción a la fuerza única, negándose a reconocer cualquier otra potencia en el mundo. Cuando en su mente reconozca y acepte definitivamente que en realidad Dios es omnipotente, en la manera más práctica, literal y efectiva, estará usted amando a Dios porque será leal a la fuerza única. En ocasiones siéntese calladamente y medite en esta vital, interesante, fascinadora y superior de todas las verdades, de que Dios es la única fuerza y que todo de lo que podamos estar seguros es parte de su propia expresión.

El amor y el temor no pueden convivir

Una actriz me dijo en Caxton Hall, Londres, donde me encontraba dando una serie de conferencias acerca de *La fuerza de su mente subconsciente*: "Le oí decir que el amor y el temor no pueden vivir juntos. Estoy llena de temor y es por eso que no consigo mejores papeles".

Le ordené que se enamorase de un concepto de sí misma más noble, dulce y grandioso. Tomó la decisión de enamorarse de su yo superior, la divina presencia de su interior. Empezó a confiar en el hecho de que poseía posibilidades casi ilimitadas de desarrollo y que en su interior *existían* poderes que nunca habían sido liberados. Comenzó a afirmar regular y sistemáticamente: "Puedo hacer todas las cosas a través de la fuerza divina que se instila en mí. Dios piensa, habla y actúa a través de mí y soy una extraordinaria actriz. El infinito siempre tiene

buen éxito y yo soy una con el infinito. Soy hija de Dios y lo
que es cierto de Él es cierto de mí". Cuando el temor y los pensamientos de preocupación llegaban a su mente, proclamaba:
"El amor de Dios llena mi alma", o bien, "ahora Dios está
conmigo". Después de unas pocas semanas fenecieron todos los
sentimientos de temor e inseguridad.

Desde entonces ha obtenido muchas promociones y reconocimiento financiero en su campo particular. El poder de Dios
cautivó su imaginación. La emocionó honda y más hondamente
y quedó embelesada en la idea de que era una gran actriz.
Este amor ocasionó que se uniera con sus ideales. Ella no trató
de mantener el ideal; el ideal la cautivó a ella. Eso es el amor;
entonces el temor se alejó. El miedo fue deglutido en el amor,
pues el amor y el temor no pueden convivir.

El amor doblega a los celos

Shakespeare dijo: "Oh, cuidáos de los celos; son el monstruo de ojos verdes que desprecia la carne de que se alimenta".
Milton dijo: "Los celos son el infierno del amante ofendido".
En realidad, el hombre celoso envenena su propio banquete para
después comerlo. Los celos son un veneno mental y la causa de
ellos es el temor. La persona celosa exige devoción exclusiva
y no tolera la rivalidad. Además, la persona celosa es suspicaz-
mente observadora respecto a la fidelidad del esposo, de la esposa, del amante o del amigo. Básicamente, los celos surgen de
un temor hondamente asentado o de la desconfianza a los demás, amén de un sentimiento de culpabilidad e incertidumbre
acerca de uno mismo.

Un marido me contó que su esposa era celosa en extremo.
Constantemente lo acusaba de tener otras mujeres. Aseguraba
que existía una rival de la que no tenía referencias. Añadió
que su esposa manipulaba la ouija, la cual le decía que su marido le era infiel.

Al hablar con la esposa, a petición del marido, le expliqué detalladamente que era su mente subconsciente la que le confirmaba sus sospechas y resentimientos acerca de su marido. Empezó a ver con claridad que era su pensamiento profundo el que, mediante imperceptibles movimientos de sus dedos, manipulaba la ouija. En otras palabras, sencillamente hablaba consigo misma. Al hablar con el marido yo había averiguado que sufría de agotamiento y que estaba siguiendo una serie de tratamientos a cargo de un médico. La mujer fue lo suficientemente honrada para reparar en su error y ambos acordaron dedicarse pensamientos de amor, de paz y de bondad. Esta buena voluntad disolvió sus actitudes negativas y trajo la paz a donde habían reinando la discordia y la sospecha. La explicación fue el remedio. Esta mujer aprendió a tener confianza en su esposo, pues donde existen el amor y la confianza los celos no pueden vivir.

El Señor concedió el aumento

El pensador científico sustituye la palabra "ley" por "Señor" en la Biblia. Ésta es la ley de su mente subconsciente, que magnifica cuanto usted deposite en ella. Es una ley impersonal de causa y efecto.

Le expliqué a un agente de bienes inmuebles el significado de: "El Señor concedió el aumento". En cuatro meses no había hecho ninguna venta. La razón era que estaba dando atención a los aspectos negativos, tales como los malos negocios, la ausencia de ventas, las pérdidas económicas y la incapacidad para pagar sus cuentas. Gradualmente sus condiciones empeoraron bastante y tuvo que sufrir la pérdida de prestigio, de salud, de financiamiento, enfermedades en su familia y, finalmente, nada de negocios.

Descubrió que era mucho más interesante, fascinador, seductor y cautivador el contemplar el buen éxito, la armonía, la riqueza y la paz de espíritu, a sus clientes más satisfechos, mejorando el servicio para sus clientes. Le di la siguiente oración, la cual le sugerí que repitiese en voz alta, lenta, tranquila, amorosamente, cinco o seis veces al día, hasta que reacondicionase su pensamiento al buen éxito y la plenitud:

> Creo en mi corazón que puedo augurarme armonía, salud, paz, prosperidad y buen éxito en los negocios. Ahora entronizo en mi mente los conceptos de paz, armonía, orientación, fortuna y progreso. Creo y sé que estos pensamientos —semillas— crecerán y se manifestarán en mis experiencias. Soy un jardinero; lo que siembre, cosecharé. Siembro los pensamientos divinos —semillas— y estas maravillosas semillas de fortuna, armonía, prosperidad, paz y buena voluntad producirán una magnífica cosecha automáticamente. Nutro y sustento estas semillas regularmente y en forma sistemática, pensando con interés en ellas. Sé que mi mente subconsciente es un banco que multiplica y engrandece cuanto deposito. Devengaré el fruto de las maravillosas semillas que hoy deposito. Hago estos pensamientos reales sintiendo la realidad de ellos. Creo en la ley del incremento en la misma forma que las semillas depositadas en la tierra surgen multiplicadas treinta, sesenta y cien veces. Como las semillas, mis pensamientos habitan en la oscuridad de mi mente subconsciente y, como las semillas, se yerguen sobre la tierra —se hacen objetivas— como las circunstancias, las experiencias y los sucesos. Pienso frecuentemente en estas cosas y el poder de Dios está en mis buenos pensamientos. Dios concedió el aumento.

Cuando los pensamientos de temor o preocupación llegaban a este agente de valores inmediatamente los sustituía al afirmar: "Dios concedió el aumento en toda la línea". Transcurrido un mes se encontraba de nuevo en su antiguo paso, teniendo más trabajo del que podía manejar, con tres vendedores a sus órdenes.

Cómo aprobó su examen

Una jovencita colegiala, que asiste a mis conferencias públicas acerca de los poderes de la mente subconsciente, me contó la forma en que se impuso al temor en un reciente examen, cuando sus rodillas temblaban de miedo. Decidió imponerse al temor razonando en la mente que su pavor era la señal para hacer algo. Se decidió a derrotar a ese temor y dijo para sí: "El Señor es mi pastor. Dios no puede tener miedo. Dios está aquí mismo. Dios es mi paz y mi fortaleza. Su río de paz fluye a través de mí. El amor de Dios vive en mí y rechaza todo temor. Estoy en paz. La firmeza y la armonía de Dios se encuentran aquí. Estoy reposada y doy respuesta a toda pregunta, pues Dios así lo manda. La inteligencia infinita me revela todo cuanto necesito saber".

Ella se transformó en lo contrario. Puso en práctica la ley de la sustitución; cambió su temor por la fe en Dios y en el bien. No se quedó rígida al final del péndulo del pánico y de esa manera se impuso al miedo y aprobó su examen con muy altas calificaciones.

Los pensamientos de temor no pueden lastimarlo

Los pensamientos de temor, los de preocupación, los negativos de cualquier índole no le lastimarán, a menos que los consienta durante bastante tiempo, o que los emocionalice profundamente; de otra manera no le lastimarán en lo más mínimo. Ellos son malestares en potencia, pero aún no son actuales. Sus temores no pueden actualizarse a menos que los emocionalice usted, impresionando de esta manera su mente subconsciente, y cualquier cosa que se imprima en la mente subconsciente llega a realizarse.

Conviértase en un gigante espiritual

El temor es un pensamiento agresivo y dominante que le intimida, le atemoriza y le amedrenta hasta la sumisión a su perverso reino. Quizá tema encontrarse con este pandillero en su pensamiento. Tal vez esté temeroso de los resultados y vacile en enfrentarse a este siniestro criminal para echarlo fuera.

La condición de su mente es su ama. Es de necios dejar que el monstruo ignorante, ciego y estúpido llamado *temor* lo presione y dirija sus actividades. Considere que es usted demasiado inteligente y brillante para que eso suceda. Su fe en Dios es mayor que el temor. El miedo es la fe con la cabeza hacia abajo. El temor es el conglomerado de las sombras oscuras y siniestras del pensamiento. En pocas palabras, temor es la fe en lo malo. Conviértase en un gigante espiritual, asuma la confianza en Dios e invoque a su fuerza y a su poder.

Cuando tenga la certeza de que "uno con Dios es mayoría" se verá cuidado y orientado en toda forma y llegará a ser el vencedor inevitable.

Perdido en la selva

Cuando tenía aproximadamente diez años de edad me perdí en la selva. Al principio estaba aterrorizado; entonces empecé a proclamar que Dios me sacaría de ahí y se haría cargo de mí. De inmediato me poseyó un dominante impulso a caminar en determinada dirección. Este íntimo impulso o tendencia del subconsciente —el cual seguí— demostró ser acertado y fui milagrosamente conducido después de dos días a los brazos de un grupo de búsqueda.

Este impulso, que fue la orientación de mi mente subconsciente, conocía la salida de la selva.

Al usar su mente subconsciente, recuerde que ésta razona deductivamente. Aprecia únicamente los finales, conduciendo de esta manera a una conclusión lógica y consecuente la naturaleza del planteamiento de la mente subconsciente.

No luche con el temor

No combata el temor con temor; en lugar de ello encárelo con una directa afirmación de la presencia y el poder de Dios, que hace al temor débil. Dígase a sí mismo: "El Señor es la fortaleza de mi vida; ¿a quién podría yo temer?"

¿Tiene usted miedo de alguna enfermedad que lo ha atacado? Se dará cuenta de que un pensamiento erróneo de su mente podrá vanagloriarse de su falsa fortaleza y lo intimidará. No permita que tales pensamientos lo intimiden ni lo atemoricen. Encárelos y sométalos. Dése cuenta que todo mal se genera en su propia mente, que no es algo que contraiga fuera de ella.

Usted puede cambiar su forma de pensar dándose cuenta que la infinita presencia curativa que creó su cuerpo le da ahora salud. Al hacer esto consciente y sapientemente vendrá un reajuste de los patrones de pensamiento de su subconsciente y la curación sucederá. Sus actuales convicciones determinan su futuro y sus experiencias.

Enemigo en su propia mente

Una joven me dijo recientemente: "¡Estoy tan furiosa que podría matar a Mary!" Parece que Mary había propalado infundios acerca de ella y había intentado perjudicarla en su posición. La mujer permitió que aquélla la molestara; dio a Mary el poder que no poseía. El problema se encontraba en su propio pensamiento de vida. Mary no era responsable de la forma en que pensaba acerca de ella y repentinamente se dio cuenta que todo el problema estaba en sus propias imágenes mentales y en sus patrones de pensamiento. Sintió que el temor pasaba a ser alboroto en su mente, el cual la intimidaba, la atemorizaba y la amedrentaba, siendo el proceso enteramente de su propia creación. El enemigo —el temor— era en realidad producto de ella misma.

Se decidió a cortarle la cabeza a este pensamiento de temor con la espada del raciocinio espiritual. Llenó su pensamiento con esta simple verdad: "Dios existe y su presencia llena mi alma y gobierna mi vida". Se negó a permitir que Mary le causase jaquecas, insomnio, indigestión y le alterase los nervios. Se dio cuenta que la fuerza estaba en su propio pensamiento de vida, que era ella quien determinaba el desarrollo de sus pensamientos. Amaneció a la idea de que nadie tenía poder para causarle trastornos o para acabar con su fe y confianza en Dios y en todas las cosas buenas.

Esta mujer obtuvo la completa salud de su mente y su oración favorita fue la siguiente: "Dios es acción en mi vida, me trae belleza, paz, la divina ubicación y la armonía. Soy criatura del infinito e hija de la eternidad. Me acercó a Dios, mi padre celestial. Él me ama y se ocupa de mí. Al volverme yo a Él, Él se vuelve hacia mí; aparece entonces el crepúsculo y todas las sombras se desvanecen".

El bálsamo curativo del amor

Lo que viene es una maravillosa oración para desechar los temores. Proclame estas verdades con frecuencia y encontrá que le inunda un íntimo sentimiento de paz y tranquilidad.

El amor de Dios fluye ahora a través de mí, estoy rodeado por la paz de Dios y todo está bien. El amor divino me rodea, me envuelve y me encierra. Este amor infinito se inscribe en mi corazón y en las partes de mi interior. Irradio el amor en el pensamiento, palabra y obra. El amor unifica y armoniza todos los poderes, atributos y cualidades de Dios en mi interior. El amor significa alegría, paz, libertad y alabanzas. El amor es libertad. Abre las puertas de las prisiones y libera a todos los cautivos. Irradio amor hacia todo porque todos representan el amor de Dios. Saludo a la Divinidad por los demás. Sé y creo que el amor divino me da salud. El amor es un principio de orientación en mí; atrae hacia mi experiencia relaciones perfectas y armoniosas. Dios es amor. *Aquel que vivió en el amor, vivió en Dios, y Dios en él.*

PROPÓSITOS BÁSICOS A RECORDAR

1. El amor es una implicación emocional. El amor debe ser un objetivo.

2. Si en realidad quiere acabar con el temor debe renunciar a los celos, a los odios, a los enojos y a las envidias.

3. Logre una nueva apreciación e imagen de sí mismo. Enamórese de su yo superior.

4. El amor a Dios significa que está mental y emocionalmente atado a aquello que es bello, puro, noble y divino. Honre a una sola fuerza.

5. El amor es fe y lealtad a Dios. El miedo es fe en lo malo. El pavor es una sombra en su mente. El amor y el temor no pueden convivir.

6. Una persona celosa está llena de temor y se siente insegura e incapaz de merecer la confianza. El temor y la confianza desechan los celos.

7. Su subconsciente agranda todo cuanto deposite en él. Deposite amor, fe, confianza, alegría y buena voluntad.

8. Cuando sus rodillas tiemblen de temor, impóngase dándose cuenta que Dios no puede tener miedo y que usted es uno con Dios.

9. Los pensamientos de temor no pueden afectarlo a menos que los consienta y emocionalice.

10. El temor es un pensamiento que consiente en su mente y que lo amedrenta y lo intimida. Entronice en su mente el amor y la fe en Dios.

11. Cuando se extravíe en las selvas de la tierra o en una jungla de confusión y temor, dése cuenta que Dios conoce la salida. Él le dará respuesta.

12. No combata el temor con temor. Encárelo con una declaración directa: "Dios es la presencia única y la fuerza única, no hay nada que temer."

13. Córteles la cabeza a sus pensamientos de temor con la espada del raciocinio espiritual.

14. *Aquel que vivió en el amor, vivió en Dios, y Dios en él.*

La positiva ley del control emocional

Los antiguos griegos decían: "Hombre, conócete a ti mismo". Cuando se estudia usted a sí mismo, parece que está formado de cuatro partes: El cuerpo físico, su naturaleza emocional, el intelecto y su naturaleza espiritual.

Ha sido usted dispuesto para disciplinarse de tal manera que sus naturalezas intelectual, emocional y física queden alineadas, controladas y orientadas por los caminos de Dios.

Su cuerpo físico no posee iniciativa propia, tampoco inteligencia autoconsciente ni voluntad de sí o en sí. Está absolutamente sujeto a sus mandatos o decretos. Vea su cuerpo como un gran disco en el que registra sus emociones y creencias. Siendo un disco, en el que pueden hacerse toda clase de impresiones, registrará todos los conceptos emocionales y nunca se apartará de ellos; por lo tanto, usted puede registrar en él una melodía de amor y belleza o una de dolor y tristeza.

El resentimiento, los celos, el odio, la ira y la melancolía se expresan en el cuerpo como enfermedades diversas. Cuando aprenda a controlar su naturaleza mental y emocional se convertirá en conducto del Divino y liberará al esplendor prisionero que se oculta dentro de usted.

Madurando emocionalmente

Medite en esto por un momento: no puede comprar un cuerpo sano con todo el dinero del mundo, pero, sin embargo, puede adquirir salud a través de las riquezas de la mente, tales como los pensamientos de paz, armonía y de perfecta salud.

Es absolutamente esencial controlar sus emociones si quiere madurar mental y espiritualmente. Usted es considerado emocionalmente maduro cuando libera sus sentimientos en forma constructiva y armoniosa. Si no disciplina o refrena sus emociones es considerado emocionalmente inmaduro, aun cuando cronológicamente pueda tener cincuenta años de edad.

Logrando el recto concepto de sí mismo

El mayor tirano es una falsa idea que controla su pensamiento y lo mantiene en cautiverio. Sus ideas de sí mismo le inducen emociones definidas dentro de su ser. Sicológicamente hablando, la emociones controlan su rumbo por la vida para bien o para mal.

Si está lleno de resentimiento hacia alguien, o si está poseído del enojo, estas emociones ejercerán mala influencia sobre usted y gobernarán sus actos en una forma excesivamente diferente de lo que honradamente pueda desear. Cuando desee ser amigable, cariñoso y cordial será feo, cínico y desagradable. Cuando quiera ser saludable, afortunado y próspero en la vida, se encontrá con que todo anda mal.

Quienes leen este libro están conscientes de su capacidad para elegir el concepto de la paz y la buena voluntad. Acepte sinceramente las ideas de la paz y el amor en su pensamiento y será gobernado, controlado y dirigido consecuentemente.

Cómo derrotó a la depresión

Una madre, cuyo único hijo había muerto, se hallaba afectada por la pena. Estaba tan profundamente conmovida que su pesar perjudicaba su vista y sufría de dolores de cabeza hemicraneales. Cayó en un profundo estado de depresión y de melancolía. Esta mujer había sido enfermera, por lo que le sugerí que fuese a un hospital y ofreciera sus servicios en la guardería infantil. Siguió mi consejo y, al ofrecer su tiempo en un hospital de la localidad, empezó a derramar su amor en los niños; los mimaba y los alimentaba. Su amor ya no estaba encerrado en ella, de nuevo tenía alguien que la necesitaba y empezó a liberar su emoción a través de vías constructivas.

Practicó lo que ella llamó "sublimación" reorientando hacia los caminos divinos la energía que se encerraba en su mente subconsciente. En esta forma vació la vejigas de veneno de su mente subconsciente y se volvió alegre, feliz, radiante y libre.

Cómo se impuso al mal humor

Una mujer que asistía a mis conferencias acerca del poder de la mente subconsciente, me dijo que estaba acostumbrada a accesos periódicos de ira por las acciones de sus vecinos. En lugar de permitir que el enojo o el odio la afectasen mental y físicamente, echándolos atrás en su subconsciente, los transformó en energía muscular, tomando un galón de agua y lavando las ventanas y el piso. En ocasiones cavaba en su jardín, diciendo en voz alta para sí: "Estoy cavando en el jardín de Dios y plantando las ideas de Él". Hacía esto durante quince minutos. Cuando lavaba las ventanas, decía fuertemente: "Estoy limpiando mi pensamiento con el agua del amor y la vida". Esta mujer adoptó un sencillo pero efectivo método para deshacerse de sus negativas emociones en una forma física.

Su retrato mental

En una ocasión tuve una interesante plática con un joven que había estudiado disciplinas mentales en París. Su procedimiento era, como él decía, "echar un buen vistazo o tomar una fotografía" a sus pensamientos, sensaciones, disposición, reacciones y a su tono de voz. Entonces decía de las negativas: "Éstas no son de Dios; son destructivas y falsas. Recurriré en mi mente a Dios, en mi interior y pensaré desde el punto de vista de la sabiduría, de la verdad y de la belleza". Hizo de esto un hábito. Cuando enfurecía, se detenía y decía para sí: "Éste no es el pensamiento infinito, el hablar ni el sentir en mí. Ahora pienso, hablo y actúo desde el punto de vista de Dios y de su amor".

Cada vez que este joven estaba a punto de tornarse furioso, crítico, deprimido o irritable, pensaba en Dios y en su amor y paz. Esto es disciplina íntima y comprensión espiritual.

Usted puede controlar sus emociones

Veamos cómo se generan sus emociones. Suponga que observa a un lisiado; probablemente sea usted movido a la emoción por lástima. Por otra parte, podría mirar a su hijo joven y hermoso y sentir la emoción del amor brotar dentro de lo íntimo de su ser.

Sabe que no puede imaginar una emoción, pero si imagina un episodio desagradable o un suceso del pasado, inducirá de este modo la emoción correspondiente. Recuerde que es esencial consentir primero en un pensamiento o una imagen mental antes de que pueda inducir una emoción.

Una emoción es siempre la elaboración de una idea en su pensamiento. Si sinceramente desea gobernar y controlar sus emociones, debe mantener control sobre sus pensamientos e imágenes mentales.

Haciéndose cargo de sus pensamientos, *podrá* sustituir el amor por temor, la buena por mala voluntad, la alegría por la tristeza y la paz por la cólera. En el instante en que perciba el estímulo de una emoción negativa, suplántela por el ánimo de amor y buena voluntad. En lugar de abrir paso al temor, dígase a sí mismo: "Uno con Dios es mayoría". Llene su mente con los conceptos de fe, confianza, paz y amor; entonces los pensamientos negativos no podrán ingresar.

La emoción del amor lo liberó

Un piloto que acababa de regresar de Vietnam del Sur me contó que cuando se apoderaba de él el temor, mientras volaba sobre las líneas enemigas, decía para sí una y otra vez: "El amor de Dios me rodea a mí y a todos los demás hombres. Su amor es mi guía y mi dirección. Él nos cuida y estamos en su hermosa presencia".

Esta afirmación impresionó su mente con el sentimiento de amor y fe. Esta disposición al amor suplantó a sus temores. ". . . El amor perfecto conjura los temores." (I Juan 4:18.)

Cómo sus emociones afectan su cuerpo

¿Ha notado los efectos del temor sobre su cara, ojos, corazón y otros órganos? ¿Conoce las consecuencias de las malas noticias o del pesar sobre el tracto digestivo? Observe el cambio que tiene lugar cuando se encuentra que las malas noticias carecen de fundamento.

Todas las emociones negativas son destructivas y deprimen las fuerzas vitales del cuerpo. El que se preocupa siempre por todo frecuentemente tiene problemas con la digestión. Si algo muy agradable llega a suceder en sus experiencias, su digestión se hace normal, pues la circulación normal se restaura y las secreciones gástricas necesarias ya no son interferidas.

El camino para imponerse y disciplinar sus emociones no es a través de la represión o la supresión. Cuando reprime una emoción, la energía se acumula en su mente subconsciente y permanece ahí enmarañada. Esto ocurre en la misma forma que la presión se acrecienta en un calentador cuando las válvulas se cierran y el calor del fuego se aumenta; finalmente ocurrirá una explosión.

Actualmente en el campo de la medicina sicosomática se está descubriendo que muchos casos de mala salud, tales como artritis, asma, malestares cardiacos y aun fracasos en la vida son debidos a las emociones suprimidas o reprimidas que puedan haber ocurrido durante los primeros días de la vida o durante la infancia. Estas emociones suprimidas o reprimidas se ciernen como fantasmas que lo acosarán más tarde; en los próximos párrafos aprenderá a liberarse de ellos por el resto de su vida.

Las positivas emociones de fe y confianza

Existe un camino espiritual y sicológico a seguir para desvanecer las emociones suprimidas o reprimidas que habitan la sombría galería de su pensamiento. El camino ideal para deshacerse de estas emociones es practicar la ley de la sustitución.

Mediante la ley de la sustitución mental, cambia usted un pensamiento positivo y constructivo por uno negativo. Cuando los pensamientos negativos lleguen a su mente, no luche con ellos, tan sólo diga para sí: "Mi fe está en Dios y en todas las cosas buenas. Su amor me vigila en todo tiempo", verá entonces que los pensamientos negativos desaparecen, tal como la luz disipa la oscuridad.

Si está perturbado, ansioso o preocupado, medite en las palabras de los salmos y proclame:

El Señor es mi pastor; no desearé. (Salmo 23:1.)
...No temeré a ningún mal, pues Tú estás conmigo...
                                                    (Salmo 23:4.)
Dios es... una ayuda muy asequible en los problemas. (Salmo 46:1.)
El Señor es mi luz y mi salvación; ¿a quién temeré? El Señor es la fortaleza de mi vida; ¿a quién debo temer? (Salmo 27:1.)

En cuanto su mente confíe en estas grandes verdades generará inevitablemente las positivas emociones de la fe y la confianza que neutralizan y destruyen toda negativa emoción.

Observe sus reacciones

Recientemente le dije a un hombre que se quejaba de úlceras y alta presión sanguínea: "¿Ha observado sus reacciones típicas ante la gente, los artículos de periódicos, socios en los negocios y comentaristas de radio? ¿Ha notado su conducta estereotipada usual?"

Él contestó: "No, no he notado estas cosas". Estaba dando por descontado que él no crecía espiritualmente. Comenzó a pensar en sus reacciones; admitió entonces que muchos de los actuales artículos noticiosos y los comentaristas de radio lo enfurecían sin medida. Dijo que frecuentemente les había escrito cartas sumamente ofensivas.

Este hombre había reaccionado en una forma maquinal y no se había disciplinado a sí mismo. Le expliqué que no tenía importancia que todos los escritores y comentaristas estuviesen equivocados y que sólo él tuviese la razón; sus emociones negativas eran destructivas y le estaban robando vitalidad, salud y paz de espíritu.

Llegó en su mente a la conclusión de que, desde ese momento, daría a todos los diputados, escritores, comentaristas y columnistas la libertad y el derecho a decir y escribir lo que creyeran correcto, dándoles el perfecto derecho y libertad para expresarse de acuerdo a los íntimos dictados de sus corazones. Decidió también que era perfectamente razonable presumir que ellos le otorgarían la completa libertad y derecho a escribir cartas y artículos a los periódicos y a los columnistas que estaban en completo desacuerdo con lo que decían y escribían. Se dio cuenta que éste era un signo de madurez emocional y que había sido infantil de su parte haber sentido resentimiento y odio hacia aquellos que disentían con sus puntos de vista.

La sencilla fórmula de oración que adoptó fue ésta: "Desde este momento en adelante pensaré, sentiré, actuaré rectamente, haré lo justo y seré justo. Pensaré, hablaré, escribiré y reaccionaré de acuerdo al divino centro de mi interior, no con la superpuesta estructura de falsas creencias, prejuicios, fanatismo e ignorancia. Desde las profundidades de mi corazón deseo para todos los hombres el derecho a la vida, a la libertad y a la persecución de la felicidad y practico la ley de la caridad y la ley del amor".

Las úlceras y la alta presión de este hombre desaparecieron en unas pocas semanas y los exámenes del médico indicaron un completo restablecimiento. Su nueva actitud cambió todo.

Vive usted en dos mundos

Usted vive en un mundo exterior y otro interior, aunque ambos son uno solo. Uno es invisible y el otro visible, objetivo y subjetivo. Su mundo exterior penetra a través de sus cinco sentidos y es compartido por todos. Su mundo interior, de pensamientos, sentimientos, imaginaciones, sensaciones, creencias y reacciones es invisible y pertenece sólo a usted.

Pregúntese a sí mismo: ""¿En qué mundo vivo? ¿En el mundo que descubren mis cinco sentidos o en el interior?" Es en este mundo interior en el que usted vive todo el tiempo; es aquí donde siente y sufre.

Suponga que es invitado a un banquete. Todo lo que ahí ve, oye, huele y toca pertenece al mundo exterior. Todo lo que piensa, siente, le gusta y le disgusta pertenece a su mundo interior. En realidad asiste a dos banquetes, que son registrados en distinta forma: esto es, uno externo y otro íntimo. Es en su mundo íntimo del pensamiento, del sentimiento y de la emoción en el que se eleva y cae, balanceándose de aquí para allá.

Cómo transformarse a sí mismo

A fin de transformarse a sí mismo debe empezar a cambiar su mundo interior mediante la purificación de sus emociones y el correcto ordenamiento de su pensamiento a través del recto pensar. Si desea crecer espiritualmente, debe transformarse a sí mismo.

Transformación significa el cambio de una cosa en otra. Existen muchas transformaciones de materia. Mediante un proceso químico el azúcar se transforma en alcohol; el radio se convierte lentamente en plomo. El alimento que usted toma se metamorfosea paso a paso en todas las sustancias necesarias para su existencia.

Sus experiencias, que llegan como impresiones, deben ser transformadas de modo parecido. Suponga que ve a una persona a quien ama y admira; usted recibe ciertas impresiones acerca de ella. Suponga por otro lado que se encuentra con una persona que le disgusta; entonces recibe también impresiones, pero de tipo diferente. Su cónyuge o su hija, mientras lee esto sentado en un sofá, son para usted lo que consideran que son. En otras palabras, las impresiones son recibidas por su *mente*. Si fuese sordo no escucharía sus voces.

Usted puede cambiar su impresión de la gente. Transformar sus impresiones es transformarse a sí mismo. A fin de cambiar su vida, cambie sus reacciones hacia la vida. ¿Reacciona con normas estereotipadas? Si sus reacciones son negativas se hallará enfermo, hosco, morboso y deprimido. Nunca permita que su vida sea una secuencia de reacciones negativas a las impresiones que le llegan cada día.

Con el fin de transformarse a sí mismo verdaderamente debe invertir sus pensamientos negativos, proclamando que el amor de Dios llena su mente y su corazón; entonces, cuando haga de esto un hábito, se convertirá en un mejor hombre en lo moral, intelectual y lo físico. "Al que por la oración se convierte en un hombre mejor, su oración es contestada." (George Meredith.)

También posee una panacea para todo malestar. "Venid a mí todos los que trabajáis y estáis cargados, que yo os daré reposo." (Mateo 11:28.)

"Si en esta vida gozásemos de la paz de Dios, debíamos hacer de nuestro corazón un templo espiritual, y siempre que nuestro pensamiento y sentimiento se apartase de Él en alguna ocasión, debíamos restaurarlos en la contemplación de su sagrada presencia." (Hermano Lorenzo.) "Los pensamientos de su corazón, éstos son la riqueza de un hombre." (Refrán birmano.)

Oración para controlar las emociones

"Aquel que es lerdo para encolerizarse es de gran entendimiento; pero aquel que es de ánimo precipitado ensalza los desatinos." (Proverbios 14;29.) Estoy siempre equilibrado, sereno y en calma. La paz de Dios inunda mi mente y todo mi ser. Pongo en práctica la ley de la caridad y deseo sinceramente paz y buena voluntad a todos los hombres.

Sé que el amor a todas las cosas que son buenas penetra en mi mente y conjura todos los temores. Vivo ahora en regocijada esperanza de lo mejor. Mis palabras de verdad disuelven todo pensamiento y emoción negativos dentro de mí. Perdono a todos; abro las puertas de mi corazón a la presencia de Dios. Todo mi ser se inunda con la luz y el entendimiento del interior.

Las cosas insignificantes de la vida ya no me enfurecen. Cuando el temor, la preocupación y la duda llamen a mi puerta, la fe en la bondad, la verdad y la belleza abrirán la puerta y no existirá nadie ahí. *Oh, Dios, Tú eres mi Dios y no existe ningún otro.*

OBJETIVOS A RECORDAR

1. Está usted aquí para disciplinar sus pensamientos, sus sentimientos y sus reacciones ante la vida.
2. Se vuelve emocionalmente maduro cuando piensa, habla, actúa y da respuestas a partir de su divino centro o del ser divino de su interior.
3. El mayor tirano es una falsa idea que controla su pensamiento y lo mantiene en la esclavitud. Suplántelo de inmediato con un nuevo concepto de sí mismo.
4. El amor es una implicación emocional; está siempre abierto. Derrame amor y buena voluntad y neutralizará todas las negativas emociones encerradas en su subconsciente.

5. Usted puede trasmutar el mal humor en energía muscular constructiva lavando ventanas, jugando un partido de frontón o cavando en su jardín.

6. Cuando se enoje deténgase y afirme: "Voy a pensar, hablar y actuar de acuerdo al punto de vista de la sabiduría, la verdad. la belleza y el amor".

7. Usted puede controlar sus reacciones emocionales hacia la gente identificándose con la presencia de Dios de cada persona. Sustituya el odio por amor.

8. La fe en Dios y en todas las cosas buenas conjuran los temores.

9. Las emociones suprimidas o reprimidas ocasionan formas de malestares corporales. Conviértase en conducto de Dios y libere todas sus emociones en divina forma.

10. Sustituya un pensamiento positivo y constructivo por uno negativo. La positiva emoción de la fe y la confianza neutralizará y destruirá todas las emociones negativas.

11. ¿Cómo reacciona mental y emocionalmente a los sucesos, condiciones y circunstancias? Son sus reacciones las que determinan sus emociones. Piense justo, sienta justo, sea justo, y haga lo justo. Nadie podrá perturbarlo, sino usted mismo. Su pensamiento es acción incipiente. Piense en los conceptos de Dios y el poder de Dios estará con sus propósitos de bien.

12. Vive usted en dos mundos: el interior de sus pensamientos, sentimientos, imágenes, creencias y opiniones, y en el objetivo, del cual le son llevadas las impresiones a través de sus cinco sentidos. Vive en el mundo interior de sus propósitos, sentimientos y creencias. Lo interior controla a lo exterior.

13. A fin de transformarse a sí mismo debe purificar sus emociones mediante el recto pensar. La emoción va tras del pensamiento.

14. Para cambiar su vida altere sus reacciones ante la vida. Si fuese ciego y sordo no podría ver u oir a la gente, reaccionando y respondiendo en forma diferente a ellos. Vea a Dios en los demás.

Aquello que tú ves, hombre,
En eso habrás de convertirte;
En Dios, si es que ves a Dios, y
en polvo, si es que polvo ves.

La emocionante ley de la armonía conyugal

El poeta Ralph Waldo Emerson proclamaba que el matrimonio otorgaba beneficios hondos y reales y grandes alegrías. Oliver Goldsmith decía: "Elegí a mi esposa, como ella lo hizo con su vestido de bodas, por cualidades que bien se manifestaban".

El matrimonio es la más sagrada de todas las uniones terrenales y a él debía llegarse con reverencia y en oración, con plena comprensión de su santidad. La santidad del matrimonio y de las relaciones familiares constituyen en verdad la piedra angular de nuestra sociedad y civilización.

El matrimonio, para concluir, debe existir sobre una base espiritual. La contemplación de los ideales divinos, el estudio de las leyes de la vida y la consciente unidad en pensamientos, propósitos, planes y acciones produce esa alegría de casados, aquella sagrada unión que hace la vida exterior como la interior: pacífica, alegre y armoniosa.

El amor une y el temor separa

La señora Jones vivía con el constante temor de que su esposo la abandonara. Su miedo era un sentimiento negativo que subconscientemente se comunicaba a su marido. Este hombre no estaba familiarizado con las leyes de la mente consciente y subconsciente, por lo que la convicción de que la abandonaría la sentía a nivel subjetivo.

135

Una mañana su esposo le dijo: "Siento que quieres que me vaya. Tuve un sueño en el que aparecías y decías: «Vete de la casa. Ya no te quiero, así que por favor, márchate»".

Inmediatamente le contó a su esposo de sus temores y le explicó que su mente subconsciente sencillamente había representado de una forma muy vívida sus propios temores y ansiedades. Él entendió perfectamente. Noche a noche, antes de dormir, suplantaba ella su temor imaginando a su esposo radiante, feliz, próspero y afortunado. Irradiaba ánimo de amor, paz y buena voluntad hacia él varias veces durante el día, sintiendo y exclamando que él era bueno, amable y amante, y que era un magnífico esposo.

Su sentimiento de temor se cambió en ánimo de amor y paz. Había descubierto una gran novedad: que el amor produce inquebrantable unidad en la vida de casados.

La verdad lo hizo libre

La fallecida doctora Hester Brunt, de Capetown, Sudáfrica, me presentó una vez a un hombre después de una de mis conferencias en aquella ciudad. Me contó que este hombre había cumplido una sentencia en una prisión de Inglaterra y que después de su liberación había ingresado al negocio de la banca en Johannesburg, Sudáfrica. Se había casado con una prominente mujer y había sido bendecido con dos maravillosos hijos. Empero, vivía con el constante temor de que su esposa y sus hijos llegaran a descubrir su pasado, de que la prensa lo desenmascarase y de que su esposa, en consecuencia, se divorciase de él inmediatamente. Tenía miedo de que esta horrible publicidad arruinara el futuro de sus dos hijos. La preocupación crónica de este hombre y su ansiedad le habían ocasionado que enfermara seriamente, teniendo como resultado violentas manifestaciones de sus emociones y rabietas hacia su esposa y sus hijos.

Percibí que algo andaba muy mal, pues su médico no podía convencerlo para que aceptara inyecciones o medicamentos orales. Le pregunté: "¿Qué es lo que le consume interiormente?"

Me contó de sus errores y de su consecuente confinamiento durante dos años en Inglaterra. Habiendo sido bien informado por la doctora Brunt y por la esposa del hombre, le expliqué a éste que ¡su esposa e hijos, la doctora Brunt y los funcionarios del banco habían sabido todo acerca de los errores de su vida pasada durante mucho tiempo! De hecho, su esposa había conocido su pasado antes de haberse casado con él, pero nunca se lo había mencionado, pues se había convertido en un hombre diferente y no deseaba lastimar sus sentimientos. Él había hecho el bien y su pasado era capítulo concluido.

Cuando la verdad se descubrió ante él de que todas las personas que realmente interesaban en su vida sabían todo acerca de su pasado y que lo amaban por lo que actualmente era, sorprendió a su médico recuperándose casi de inmediato. Su enfermedad y su sufrimiento se debían a una distorsionada concepción mental. La transformación de su pensamiento dio como resultado relaciones perfectas, armoniosas y apacibles con su esposa e hijos.

El secreto de su liberación

Durante un reciente viaje a la hermosa Hawai conocí a una atractivísima dama que me confió que iba a romper su compromiso matrimonial con un acaudalado hombre de negocios porque le aterrorizaban los viajes por mar. Su prometido había hecho ya amplios planes para un viaje de luna de miel alrededor del mundo en su yate privado. Decía: "Estoy terriblemente temerosa de decírselo; estoy desconcertada y avergonzada. Sencillamente no puedo decírselo. Le devolveré su anillo con una nota".

Le indiqué cómo solucionar su dilema y obtener la liberación de su anormal temor al océano. Le proporcioné la versión del marino al salmo veintitrés y le sugerí que durante diez minutos, tres veces al día, leyese en voz alta esta versión particular del salmo. Le expliqué cómo estas vibraciones espirituales destruían las fuerzas negativas del temor, la preocupación y la ansiedad que por entonces se alojaban en su mente subconsciente.

Versión del marino al salmo 23 [6]

El Señor es mi piloto; no iré a la deriva. Él me iluminó a través de las oscuras aguas; Él me dirigió en los profundos canales; Él llevó mi bitácora. Él me guió por la estrella de santidad en su nombre. Sí, aunque navegue entre los truenos y tempestades de la vida, no temeré a ningún peligro, pues Tú estás conmigo. Tu amor y Tus cuidados; ellos me amparan. Tú preparas ante mí un puerto en la patria de la eternidad; lubricas las olas con aceite; mi nave flota en calma. Seguramente la luz del Sol y las estrellas me favorecerán en el viaje que hago y descansaré por siempre en el puerto de mi Dios.

La joven siguió mis instrucciones al pie de la letra y logró imprimir estas verdades en su mente subconsciente con sentimiento y comprensión; todos sus temores se desvanecieron. Había suplantado su temor con la fe en Dios como su piloto. Ahora ha vuelto a vivir. Su temor era una sombra en su pensamiento y, cuando la luz llegó a su mente, desapareció para siempre la oscuridad.

Exigió el divorcio

Consideremos el caso de May, que había estado casada durante cuarenta años. Había trabajado con su marido en su ne-

---

[6] Por J. Rogers, capitán de la marina mercante, escrito durante la Segunda Guerra Mundial. Publicado por Navy Chaplains Bulletin, Washington, D. C.

gocio, había ayudado a que creciera y le había dado cuatro hijos. Repentinamente un día él le exigió el divorcio para poderse casar con una prima suya. May se sintió aplastada, deprimida y llena de incertidumbre acerca del futuro. Descubrió que no tenía que sentirse rechazada o deprimida. Aprendió a usar los poderes de su mente practicando fielmente las técnicas descritas en estas páginas, encontrando una maravillosa fuente de fortaleza, de inspiración y valor.

Vendió el negocio e hizo un viaje alrededor del mundo. Afirmaba frecuentemente: "La inteligencia infinita atrae hacia mí al hombre con quien armonizo perfectamente". Durante su viaje conoció al hombre ideal y con el tiempo se casó con él en París. May conquistó el respeto, la lealtad y la devoción de sus hijos y de sus vecinos. Se había dado cuenta que su divorcio le había concedido el ingreso a una vida más rica, grandiosa, noble y divina.

Había aprendido a encarar el desafío de la desesperación y la soledad con la inseguridad y la confianza en la sabiduría infinita de su mente subconsciente.

Casada cinco veces

Una joven de veintiocho años de edad me dijo una vez: "Éste es mi quinto matrimonio, ¡y este esposo es peor que los cuatro anteriores! Obtendré el decreto final de divorcio en unos cuantos meses".

Estaba amargada y resentida contra sus antiguos maridos. Le expliqué sin embargo, que al casarse de nuevo sin perdonar le ocasionaría atraer hombres de tipo similar, cada uno progresivamente peor, según su resentimiento y hostilidad crecieran en su mente subconsciente. Siempre había ignorado que su íntima disposición al resentimiento y la hostilidad la estaba haciendo atraer hombres que eran afines a su íntimo pensamiento. Inconscientemente ponía en acción la ley de la atracción. El gusto atrae al gusto; pájaros de la misma especie andan juntos.

Así, el remedio consistió en liberarse a sí misma y a sus antiguos esposos, perdonando —dando a cambio— a sí misma el ánimo de amor y paz, por la disposición al resentimiento. Disculpó a todos sus antiguos maridos proclamando con valor: "Los libero y los dejo ir, deseándoles salud, riqueza, amor, felicidad, paz y regocijo". Sus ideas acerca del amor y el matrimonio cambiaron y empezó a situar al amor sobre bases espirituales. Se dio cuenta que sus actitudes previas y sus motivos para el matrimonio estaban enteramente errados. Rezó de esta manera:

Sé que ahora soy una con Dios. En Él vivo, me desenvuelvo y tengo mi ser. Dios es vida; esta vida es la de todos los hombres y mujeres. Todos somos hijos e hijas del Padre único. Sé y creo que hay un hombre que espera para amarme y alimentarme. Sé que puedo contribuir a su paz y su felicidad. Él no desea cambiarme, ni yo quiero cambiarlo.

Existe amor mutuo, libertad y respeto.

Existe una mente; en esta mente lo conozco ahora. Me uno ahora a las cualidades y atributos que admiro y quiero que se expresen en mi esposo. Soy una con ellos en mi mente. Nos conocemos y amamos uno al otro en el divino pensamiento. Veo a Dios en él; él ve a Dios en mí. Habiéndolo conocido *interiormente*, ahora lo conozco en lo *exterior*, pues es ésta la ley de mi propio pensamiento.

Estas palabras se producen y se realizan ahí donde son enviadas. Sé que en Dios se hace, se concluye y se realiza. Gracias, padre.

Unas semanas más tarde sucedió que tuvo que hacerse extraer la muela del juicio, lo que ocasionó que desarrollara una maravillosa amistad con el dentista. Más adelante él le propuso matrimonio, —como ella decía, "muy inesperadamente"—, y añadía: "Supe por intuición que él era el hombre por quien había rezado. Fue un caso de amor a primera vista". El autor llevó a cabo su ceremonia matrimonial y debo decir que aquello fue una verdadera unión espiritual entre dos personas que buscaban el camino de regreso al seno de Dios.

Cómo encontró su ideal

Una vez me dijo un hombre en Rochester, Nueva York, que la mujer con la que había andado durante tres años se negaba a casarse con él y que iba a suicidarse si no podía tenerla. Le enseñé a orar para atraer el amor de una esposa en la forma siguiente:

> Dios es uno e indivisible. En Él vivimos, nos movemos y tenemos nuestro ser. Sé y creo que Dios habita en cada persona; soy uno con Dios y con toda la gente. Ahora atraigo una unión espiritual, pues el espíritu de Dios obra a través de la personalidad de alguien con quien armonizo perfectamente. Sé que puedo dar a esta mujer el amor, la comprensión y la verdad. Sé que puedo hacer la vida de esta mujer plena, entera y maravillosa.
>
> Ahora declaro que ella posee las siguientes cualidades y atributos; esto es, es espiritual, leal, llena de fe y sincera. Es armoniosa, pacífica y feliz. Nos atraemos irresistiblemente uno al otro. Sólo aquella que pertenezca al amor, la verdad y la integridad podrá surgir a mi experiencia. Ahora acepto a mi compañera ideal.

Continuó uniéndose mental y emocionalmente a estas verdades, cada noche y cada mañana, hasta el tiempo aquel en que las absorbió objetivamente. Pocas semanas después conoció a una camarera en el hotel en que se alojaba; se enamoró y se casó con ella. Fue la unión ideal.

¿Pero qué sucedió con la mujer con la que no pudo vivir? Algunos amigos le revelaron por ese tiempo que ella ya había estado casada seis veces —¡y nunca se había tomado la molestia de pedir divorcio!— Era también una ex convicta y tenía antecedentes penales por varios crímenes. Aun mientras anduvo en compañía de él había estado viviendo con otro hombre.

Éste es el hombre que quiero

La secretaria de un abogado de Londres me dijo durante una entrevista: "Estoy enamorada de mi jefe. Es casado y tiene cuatro hijos, pero no me importa. Voy a conseguirlo y a conquistarlo, aun cuando no quiera dejar por el momento a su esposa".

Parecía perfectamente dispuesta a quebrantar aquel hogar a fin de lograr su propósito. Sin embargo, le expliqué a esta joven que ella en realidad no amaba a este hombre casado, que lo que deseaba en lo profundo de su corazón era estar casada, tener niños, ser amada, protegida y admirada; que ella en realidad atraería a un hombre libre de todo impedimento, que sería el compañero ideal de sus sueños. Para lograr su deseo el camino era la oración.

Le señalé que podría lograr poseer a este hombre y sujetarlo a su voluntad y a su manera, pero que surgirían inevitablemente más problemas y dificultades en tanto ella misma se impregnara de limitaciones y sentimientos de culpa. *No codiciarás la mujer de tu prójimo* ... (Éxodo 20:17.) Suavemente le recordé esta gran ley: ... *Todo aquello que deseareis que los hombres os hiciesen, hacedlo igualmente con ellos...* (Mateo 7:12.) Este precepto proporciona la ley íntegra de la vida feliz y de progreso. En presencia de la avaricia y el egoísmo esto se olvida.

Las siguientes preguntas causaron un gran despertar en la mente y el corazón de esta joven secretaria: "¿Qué le gustaría que la familia del hombre a quien usted separó de su esposa pensara de usted? ¿Qué sentimientos quisiera despertar? Respondí a estas preguntas por ella diciéndole: "Usted querría que su esposa y su familia la creyeran una noble dama, amable y digna, honesta, sincera y justa. Aplique este principio y vea si aún desea destruir su hogar".

De inmediato vio la realidad y lloró abundamentemente. Estuvo de acuerdo en que podría atraerse al compañero ideal sin causar pena o dolor a nadie. Rezó proclamando: "Ahora atraigo a un hombre extraordinario que armoniza conmigo en lo espiritual, lo mental y lo físico. Él viene a mí sin impedimentos y por orden divina".

Poco después conoció a un joven químico en el Foro de la Verdad de Londres, en Caxton Hall, a donde había empezado a asistir por sugerencia mía. Esta joven mujer había descubierto que una ley de la mente haría que ocurriese cuanto ella aceptase como verdadero.

El amor es unidad

Supongamos que un hombre engaña a su mujer. Si tuviera amor y respeto por su esposa no desearía a otra mujer. Cuando el hombre ha encontrado su ideal verdadero y espiritual en el matrimonio, no tiene deseos extramatrimoniales. El amor es unidad, no dualidad ni multiplicidad.

El hombre que tiene muchas mujeres —quienes representan la mucha disposición de adúltero en él— "toma en matrimonio" (se une mental y emocionalmente con) muchos conceptos, tales como la frustración, el resentimiento, el cinismo, etcétera. Cuando un hombre encuentra el amor en su pareja se halla en la plenitud de la vida. Si un hombre engaña a su mujer, se encuentra, por lo tanto, frustrado y en realidad nunca ha experimentado el amor ideal o el sentimiento de unidad. Indudablemente tiene complejos de inferioridad de culpa.

Las mujeres que conquista son por fuerza vacilantes, neuróticas y confusas; él ve y oye sus propias vibraciones interiores. Las mujeres que encuentra son exactamente tan frustradas e inestables como él mismo. Pájaros de la misma especie andan juntos. Lo semejante engendra lo parecido.

Evite callejones sin salida

Una vez me dijo una mujer: "Durante cuatro años he andado con un hombre casado y lo amo intensamente. No podré renunciar a él. ¿Qué hago?" Había fracasado en conseguir un marido o novio adecuado porque no sabía orar; había logrado una falsa satisfacción, o emoción, robando el marido de otra mujer. Tenía un profundo complejo de inferioridad y en lo general era muy inestable.

Le expliqué que conductas de su tipo usualmente terminaban en un callejón sin salida, acompañadas de sedantes y tranquilizantes y, con muchísima frecuencia, de sobredosis de pastillas para dormir. Le señalé que el hombre continuaría usando su cuerpo hasta el tiempo en que se cansara de ella, pero nunca la tomaría en matrimonio; además estaba envejeciendo y desperdiciando su tiempo.

Lo que en realidad deseaba era estar casada, ser llamada señora, tener un hogar y ser respetada por sus vecinos, amigos y parientes. La respuesta a su problema fue la oración. Inmediatamente puso fin a sus relaciones con el hombre casado y practicó la oración para atraer al esposo ideal, como se vio previamente en este capítulo.

Como resultado está ahora felizmente casada y muy agradecida por haber descubierto los íntimos poderes de su pensamiento.

¿Debería obtener el divorcio?

Una pregunta frecuente que me proponen es: "¿Debería obtener el divorcio?" Éste es ahora un problema individual y no puede generalizarse. En algunos casos el divorcio no es la solución, no más que el hecho de que el matrimonio sea la solución para el hombre solitario.

El divorcio puede ser acertado para una persona y malo para otra. Una mujer divorciada puede ser mucho más noble y divina que muchas de sus hermanas casadas que viven una mentira por no enfrentarse a la verdad.

En algunos casos, en primer lugar no hubo nunca un matrimonio real. El que un hombre y una mujer obtengan una licencia de matrimonio y vivan en una casa no quiere decir que tengan un hogar verdadero. Probablemente sea un lugar de discordia y odios. Cuando los niños están presentes y los padres se niegan a irradiar amor, paz y buena voluntad, es mejor disolver tal unión que hacer que el odio mutuo tuerza la mente de los chicos. En muchas ocasiones la vida y la mente de un niño quedan permanentemente afectadas por la disposición de los padres, lo que da como resultado neurosis, delincuencia y crimen. Es mucho mejor para un hijo vivir con un padre que lo ame, que convivir con dos que se odian entre sí y pelean todo el tiempo.

Donde no existe el amor, la libertad o el respeto entre marido y mujer, el matrimonio es una farsa, una vergüenza y una mascarada, pues Dios —el amor— no los ha unido. Dios es amor y el corazón es la habitación de la presencia de Dios; cuando dos corazones están unidos en mutuo amor, se puede hablar de un matrimonio real, pues Dios los ha reunido.

Obtenga una nueva apreciación de sí mismo

El hombre se degrada a sí mismo sintiendo sus carencias. Sus temores se transmiten a su esposa; ella reacciona en la misma forma. No puede mirarlo en la forma que antes lo hacía y él no tiene igual sentimiento de su propia persona. Ella puede verlo sólo en la forma que él se ve a sí mismo; de modo semejante, él sólo puede verla en la forma que ella se ve a sí misma.

Si un hombre se siente por sí solo dignificado, inspira respeto y lo logra. Un hombre que tiene el ánimo predominante de buen éxito y felicidad liga entre sí a todos los elementos de su familia. Él es la influencia aglutinante. La armonía y la paz reinan supremas en la casa. Su convicción dominante hace ver a los demás lo que él proyecta con su personalidad.

Convirtiéndose en un marido o esposa de éxito

Cuando usted contrajo matrimonio con su pareja seguramente le admiró ciertas características, virtudes o cualidades. Identifíquese con los atributos de la bondad y exáltelos. Deje

de ser un basurero, viviendo de los defectos de cada uno. Haga
una lista de sus buenos propósitos, poniendo su atención y devoción en ellos. En cuanto haga esto su matrimonio se hará
más bendito y hermoso a través de los años.

La fórmula bíblica

...*Lo que por lo tanto Dios ha unido, no lo separe el hombre.* (Mateo 19:6.) Esta fórmula bíblica le revela que a fin de
que un matrimonio sea real, primero debe ser espiritual; debe
ser del corazón.

Si los dos corazones son movidos por el amor, la sinceridad
y la honestidad, es que Dios une a ambos; en realidad es el
matrimonio realizado en el cielo, que significa armonía y comprensión. Usted sabe y siente que la acción de su corazón es el
amor y que Dios es amor.

Dios no se encuentra presente en todos los matrimonios;
quizá hubo motivos ulteriores en la unión. Si un hombre se
casa con una mujer por dinero, por posición o para satisfacer
su ego, su matrimonio es falso, es una mentira. Si una mujer se
casa con un hombre por seguridad, riqueza o posición, por una
emoción o por vengarse de alguien, tal matrimonio no es de
Dios; pues Dios, o la verdad, no estuvo presente. Tales matrimonios no son reales porque no están basados en el amor. La
honestidad, la integridad y el respeto nacen del amor.

Donde un matrimonio real, verdadero y celestial existe —una
unión de corazones, mentes y cuerpos— no puede haber divorcio. Tampoco buscan la separación, pues es una unión espiritual;
es una mezcla de dos corazones; están vinculados por el amor.
...*Lo que por lo tanto Dios ha unido, no lo separe el hombre.*

Oración matrimonial para marido y mujer

Estamos reunidos en la presencia de Dios. No existe sino un
Dios, una vida, una ley, una mente y un padre: nuestro padre.
Estamos unidos en el amor, la armonía y la paz. Me regocijo en

la paz, la felicidad y el buen éxito de mi pareja. Dios guía a cada uno de nosotros en todo tiempo. Nos hablamos uno al otro desde el punto de vista del divino centro dentro de nosotros. Las palabras de uno hacia el otro son como bresca, dulces al oído y agradables a los huesos. Nos identificamos con las buenas cualidades de uno y otro, exaltándonos constantemente.

El amor de Dios fluye a través de nosotros hacia los de nuestra casa y a la gente por doquier. Creemos y sabemos que el poder y la inteligencia omnipresente del infinito se mueve a través de cada uno de nosotros y de los miembros de nuestra familia, y que estamos sanos positiva, definida, física y mentalmente. Sabemos que la recta acción divina tiene lugar en cada célula, órgano, tejido y función de cada uno de nosotros, manifestándose como paz, armonía y salud.

Creemos que la divina orientación es ahora experimentada por todos en esta casa. Dios —el gran consejero— conduce a cada uno de nosotros a caminos de placer y rutas de paz.

Las palabras que ahora pronunciamos realizarán nuestros deseos y prosperarán allá donde son enviadas. Ahora nos regocijamos e ingresamos al ánimo de agradecimiento, sabiendo que nuestra oración de fe se cumplimenta.

VAYA POR AQUÍ HACIA UN FELIZ MATRIMONIO

1. El matrimonio es la más santa de todas las uniones terrenales. A él debía llegarse reverente y apaciblemente, con una profunda comprensión de su santidad.

2. Los constantes temores de una esposa pueden comunicarse al subconsciente de su marido y ocasionarle interminables molestias.

3. El pasado está muerto. Lo único que importa es el presente. Cambie su pensamiento actual y manténgalo en esa forma; verá que su destino se transformará. El sufrimiento se debe a la ignorancia y a las imágenes mentales distorsionadas.

4. Identifíquese mental y emocionalmente con el salmo 23 y desechará todo temor anormal.

5. Haga frente al reto de la soledad y la desesperación con la confianza y la fe en la sabiduría infinita de su mente subconsciente.

6. Usted atrae a las afinidades del ánimo dominante de su subconsciente. Perdónese a sí mismo y a todos los demás; implore entonces la divina compañía, edificando en su mentalidad las cualidades que admire en algún compañero.

7. La inteligencia infinita le atraerá al esposo o la esposa ideal si reza sinceramente y confía en que su profundo pensamiento hará que su petición se realice.

8. Nunca debe ambicionar al marido o la esposa de otra persona. Reclame lo que quiere, crea que la vida se lo dará y entonces lo tendrá.

9. El amor es unidad y si en realidad está enamorado de su pareja, no podría querer a otra.

10. Una chica soltera no puede querer a un hombre casado que no tiene intenciones de casarse con ella. Ella desea un marido, un hogar, amor y respeto. Debe renunciar a ese hombre casado —el estado de confusión— antes que pueda atraer lo que desea: el estado ideal.

11. Muchos maridos y esposas que viven juntos están divorciados del amor, la bondad, la paz, la armonía la buena voluntad y el entendimiento. Tal matrimonio es una farsa, una vergüenza y una mascarada. Es mejor romper con tal mentira que continuar viviéndola.

12. El hombre se degrada a sí mismo por sus sentimientos de insuficiencia e inferioridad y su esposa usualmente reacciona en consecuencia.

13. Identifíquese con las buenas cualidades y características de su pareja y su matrimonio será aún más bendito a través de los años.

14. ...*Lo que por lo tanto Dios* —el amor— *ha unido, no lo separe el hombre.* Cuando el amor une a dos corazones no hay divorcio, pues es el amor el nudo que ata al hombre y a la mujer en el interminable curso de la vida, ahora y por siempre.

Ley **12**

La gloriosa ley de la paz de espíritu

Tan serios se han vuelto los estragos de la preocupación que este problema se aborda en innumerables convenciones médicas, tanto aquí como en el extranjero. Literalmente millones de personas en todo el mundo están enfermas por preocuparse. La gente que se preocupa siempre espera que las cosas anden mal. Su aprensión se debe primordialmente a la falta de fe en Dios. Meditan y se preocupan por muchas cosas que nunca suceden. Esgrimirán todas las razones por las que algo malo debería ocurrir y ninguna por la que algo bueno debía o podía suceder. Esta constante preocupación debilita todo su sistema, dando como resultado desórdenes mentales y físicos.

Se preocupaba por lo que no había sucedido

Un hombre me dijo: "Estoy enfermo de inquietud por mi farmacia; puedo perderla. El negocio es bueno, pero no podrá durar. Me preocupa que pueda ir a la quiebra. Mi mente está en una confusión y durante la noche no puedo dormir."

"Cuénteme la naturaleza de su problema, Tom", le sugerí en seguida.

"Oh, nada ha sucedido aún, pero temo que *sucederá. Me* preocupo hasta la enfermedad y hago que mi esposa se trastorne también. ¿Cómo podré dejar de preocuparme?

En efecto, este hombre estaba haciendo un buen negocio, tenía una buena cuenta bancaria y, como de ordinario ocurría en el negocio de farmacia, prosperaba. Sus constantes pensamien-

tos negativos le estaban robando vitalidad, entusiasmo, energía
y, en suma, se estaba debilitando a sí mismo e incapacitando
para enfrentar los desafíos que pudiesen venir.

Le expliqué a este farmacéutico que si continuaba preocu-
pándose atraería las condiciones en que mentalmente se expla-
yaba, que lo único realmente malo en él era una falsa creencia
de su pensamiento pues había olvidado que él personalmente
podría controlar sus ideas y su vida. Le proporcioné la siguiente
oración para su negocio:

> Mis negocios son los mismos de Dios. Dios es mi socio en cada
> uno de mis asuntos. Dios hace prosperar mi negocio en una forma
> extraordinaria. Proclamo que todos los que conmigo trabajan en la
> tienda son los eslabones espirituales en su crecimiento, bienestar y
> prosperidad. Sé esto, creo en ello y me regocijo con su buen éxito
> y su felicidad. Resuelvo todos mis problemas al creer que la inteli-
> gencia infinita dentro de mi mente subconsciente me revela la res-
> puesta. Permanezco en paz y tranquilidad. Estoy rodeado de paz,
> amor y armonía. Sé que todas mis relaciones de negocios con la
> gente van de acuerdo a la ley de la armonía. La inteligencia infinita
> me descubre mejores caminos en los que puedo servir a la humani-
> dad. Sé que Dios habita en cada uno de mis clientes y parroquianos.
> Trabajo en armonía con los demás a fin de que la felicidad, la
> prosperidad y la paz reinen soberanas. Siempre que algún pensa-
> miento de preocupación venga a mi mente, afirmaré de inmediato:
> *No temeré mal alguno, pues Tú estás conmigo.* (Salmo 23:4.)

Empezó Tom a tomar diez o quince minutos de la mañana,
tarde o noche con el propósito de reiterar estas verdades, sabiendo
que al hacerlas permanecer con frecuencia en su mente quedaría
reajustado al pensamiento constructivo. Cuando los pensamientos morbosos llegaban a su mente, inmediatamente proclamaba:
"Dios está conmigo". Me dijo que un día debió haber dicho "Dios
está conmigo" cerca de mil veces.

Gradualmente el patrón neurótico de pensamiento en la intranquilidad crónica de que se había quejado al principio, que
se había repetido como monótona regularidad, se había disipado
completamente y se alegraba de su libertad en Dios.

Curó su neurosis de ansiedad

Recibí carta de una mujer en la que decía: "Mi esposo se sienta durante todo el día y no hace otra cosa que beber cerveza. Se niega a trabajar y lloriquea todo el tiempo. Me preocupa terriblemente pues mi médico dice que tengo «neurosis de ansiedad». Encima de eso, sufro de asma, malestares cutáneos y alta presión arterial. Mi esposo me está matando".

Le escribí diciéndole que hoy es bien sabido en los círculos de la sicología y la medicina que muchos malestares cutáneos, asma, alergias, desórdenes cardiacos y diabetes, como huéspedes de otras enfermedades, son producidas por la preocupación crónica, que es otro nombre para la neurosis de ansiedad. Le di también una receta espiritual en la que le sugería que varias veces al día bendijese a su esposo en la forma siguiente:

Mi esposo es hombre de Dios. Él es divinamente activo, en forma maravillosa próspero, pacífico, feliz y alegre. Se expresa plenamente y se halla en el lugar correcto; recibe inigualables ingresos. La sobriedad y la paz de espíritu reinan soberanas en su vida. Ahora imagino que él viene a casa cada noche y que me cuenta cuán feliz es en su nuevo empleo, y dejo que Dios lo realice todo.

Incluí una segunda prescripción, que iba a tomar mental y emocionalmente seis o siete veces al día, hasta que su subconsciente la absorbiese. Iba también a imaginar que su médico le decía que estaba entera y perfectamente. A continuación está su segunda receta:

Los dones de Dios son míos. Empleo cada momento de mi vida para glorificar a Dios. La armonía, la paz y la abundancia de Dios son mías. El amor divino que de mí fluye bendice a todos los que entran en mi medio. El amor de Dios me sana ahora. No temo a ningún mal pues Dios está conmigo. Estoy siempre envuelto en el sagrado recinto del amor de Dios y de su fuerza. Proclamo, siento, sé y creo definitivamente y en forma positiva que el pronunciar el amor de Dios da salud y cuida de todos los miembros de mi familia y de mis seres queridos.

Perdono a todos e irradio sinceramente el amor y la paz de
Dios, su buena voluntad hacia todos los hombres. En el centro
de mi ser se encuentra la paz, es ésta la paz de Dios. En esta quietud siento su fortaleza, su orientación y el amor de su santa presencia. Soy divinamente guiada en toda mi conducta. Soy un claro
canal del amor, la luz, la verdad y la belleza de Dios. Siento que
su río de paz fluye a través de mí. Sé que todos mis problemas se
disuelven en la mente de Dios. El comportamiento de Dios es el
mío. Las palabras que he expresado cumplimentan aquello hacia
lo que son enviadas. Me regocijo y doy gracias, dándome cuenta
que se da respuesta a mis oraciones. Así es.

Al final de dos semanas recibí noticias de ella: "Sus oraciones
obraron maravillas. He dicho las oraciones como lo sugirió y
mantenido cierta imagen de mi esposo en la mente. Consiguió
empleo y está sobrio. Ahora gana ciento veinte dólares por semana. El doctor me probó la presión sanguínea y está normal;
todas las manchas de mi piel se han desvanecido. Ya no tomo
medicamentos para el asma."

Los acumulados pensamientos negativos de esta mujer y sus
imágenes mentales eran la causa de su preocupación crónica.
Al identificarse mental y emocionalmente con las verdades que
se le proporcionaron, empezaron a sumergirse en su mente. De-
lineaba también imágenes de salud y de vitalidad para sí y de
triunfo y realización para su esposo. Estas imágenes mentales
quedaron cinceladas en su profundo pensamiento, convirtiéndose
su subconsciente en un deleite.

La preocupación puede causar diabetes

El doctor Flanders Dunbar hace los siguientes comentarios
acerca de los efectos de las preocupaciones en los casos de diabetes: [7]

En 1935 W. C. Menninger informó en dos artículos acerca de un
estudio de los factores sicológicos de la diabetes. Encontró que pocos

---

[7] De *Emotions and Bodily Changes*, por el doctor Flanders Dunbar,
cuarta edición, 1954, páginas 326-327. Con permiso de Columbia University
Press, 2960 Broadway, Nueva York 27, N. Y.

observadores han dado importancia a los factores síquicos de la génesis de la enfermedad. Las opiniones incluían: *1)* la creencia de que "la diabetes puede ser ocasionada por ansiedad", expuesta en 1891 por dos siquiatras, Maudsley y Savage; *2)* el choque síquico como agente estimulante; *3)* "la preocupación, la ansiedad y la tensión nerviosa se citan entre las más frecuentes consecuencias de la anamnesis diabética" (F. M. Allen), y *4)* comentarios acerca de "notables coincidencias" en el choque emocional y el comienzo de la diabetes. Agrega que la mayoría de los casos no muestran una sicopatología sobresaliente.

Señala Menninger que todos los autores citados estuvieron de acuerdo en que la diabetes puede ser acelerada o agravada por los estados emocionales. Comenta:

"Se impresiona uno de la inconsistencia de las opiniones de que no se niega la gran importancia de los factores sicogénicos una vez que la diabetes se establece y más aún de opinión tan conservadora en cuanto a estas mismas influencias que inician este desorden metabólico."

Su propio material incluye treinta casos de diabetes y desórdenes mentales. Del estudio de este material encontró Menninger que la depresión y la ansiedad eran los estados emocionales más frecuentes asociados con la diabetes. No descubrió preponderancia de tipo en los desórdenes mentales de los diabéticos, excepto que las siconeurosis de diversos tipos eran frecuentes. Doce de los veintidós pacientes incluidos en el primer reporte mostraban ilusiones paranoides como síntoma sobresaliente. Cinco de esos veintidós pacientes demostraron con claridad al autor que la diabetes puede ser el resultado de trastornos sicológicos. Sin embargo, establece que debe uno referirse a los múltiples factores etiológicos al intentar explicar las causas de la diabetes. En conclusión, dice que no existe mucha duda de que la diabetes se desarrolla como parte de la expresión del total conflicto de personalidad de un individuo y que considera justificado hablar de una "reacción de la personalidad diabética". Para más detallados historiales acerca de diabéticos, ver *Psychosomatic Diagnosis* (3374a, 1943) y *Synopsis of Psychosomatic Diagnosis and Treatment* (3377, 1948), de Dunbar.

Su preocupación no era causada por su problema

Una vez me visitó cierto ejecutivo, quien me dijo que estaba terriblemente preocupado de que no pudiese lograr la presidencia durante la siguiente junta del consejo de la compañía, que estaba programada. Añadió que él era el tercero en turno y que su constante temor y ansiedad estaban a punto de producirle un colapso nervioso.

Al hablar con él descubrí que toda su vida se había preocupado, mas le comenté que él *pensaba* exactamente que su intranquilidad era debida a la posibilidad de que no fuese ascendido, pero no estaba de acuerdo con esto. Le ordené que se imaginara como presidente y que pensara que sus asociados lo felicitaban por su ascenso. Siguió fielmente estas instrucciones y fue debidamente instalado como presidente durante la siguiente junta del consejo.

Sin embargo, cerca de un mes después vino a verme de nuevo. Aún estaba preocupado y su médico decía que su presión arterial había subido peligrosamente. Le recordé que anteriormente él había atribuido su intranquilidad al hecho de que podría no ser electo presidente de su organización, pero que ahora que tenía el puesto no había dejado de preocuparse, esta vez por el temor de que no pudiese cumplir con las esperanzas del consejo ejecutivo y de que sus decisiones pudieran ocasionar que la compañía sufriese pérdidas, lo que ocasionaría que le pidieran su renuncia.

Empezó a mirar hacia su interior y repentinamente se dio cuenta que todo su malestar era 'debido a que no se había formado el hábito de la oración, por lo que no tenía contacto real con la fuerza infinita, de la que podría obtener fortaleza y seguridad. Había pensado que estas preocupaciones eran una maldición; pero ahora despertaba a la cruda relidad de que él solo era su creador y que decidiendo establecer un modelo de oración podría imponerse a sus obsesiones.

Le hice esta sugerencia: "Cuando despierte, en las mañanas, use la siguiente oración":

Sé que la respuesta a mi problema se halla en el Ser Divino de mi interior. Me pongo ahora inmóvil, en silencio y relajado. Estoy en paz. Sé que Dios habla en paz y no en confusión. Estoy ahora en armonía con el infinito; sé y creo implícitamente que la inteligencia infinita me revela la perfecta respuesta. Pienso en la solución de mis problemas. Vivo ahora en el ánimo que tendría si mis problemas quedasen resueltos. Vivo en verdad con esta duradera fe y confianza, que es el ánimo de la solución; es éste el espíritu de Dios que en mí se desenvuelve. Este espíritu es omnipotente; se manifiesta por sí mismo; mi ser todo se regocija en la respuesta; estoy alegre. Vivo con este sentimiento y doy gracias.

Sé que Dios tiene la respuesta, pues con Dios todo es posible. Dios es el espíritu viviente y todopoderoso de mi interior; Él es la fuente de toda sabiduría e inspiración.

El indicador de la presencia de Dios dentro de mí es un sentimiento de paz y aplomo. Ahora suprimo todo sentimiento de tensión y de conflicto; confío implícitamente en Dios-poder. Sé que toda la sabiduría y poder que necesito para vivir en vida gloriosa y de éxito se hallan en mi interior. Relajo todo mi cuerpo; mi fe está en su sabiduría; soy liberado. Proclamo y siento que la paz de Dios inunda mi mente, mi corazón y todo mi ser. Sé que la silenciosa mente resuelve mis problemas. Ahora envío mi petición de nuevo al Dios-presencia, sabiendo que Él tiene la respuesta. Estoy en paz.

Repitió esta oración tres veces cada mañana, sabiendo que a través de la repetición se sumergirían estas verdades en su subconsciente y producirían la salud, hábito saludable del pensamiento constructivo. Se dio cuenta, también, de que ahora estaba sujeto al Dios-poder, en el cual vivía, se desenvolvía y mantenía su ser. Su sentimiento de unión con Dios le dio la confianza para sobreponerse a todo aquello por lo que erroneamente se había intranquilizado. Mediante este cambio en su actitud mental se convirtió en un hombre equilibrado.

Cómo escapó de la vorágine

Una vez me visitó una mujer y dijo que estaba preocupada por su hijo que estaba en la escuela. Temía que pudiera contraer sarampión, que cayera en alguna alberca o que fuese arrollado por algún autobús. En realidad ella se encontraba en la corrupción de la inquietud. Me decía: "Debo preocuparme. No puedo dejar de hacerlo".

Le dije que sería mucho más interesante, fascinante, absorbente y emocionante bendecir a su hijo en lugar de lapidarlo mentalmente durante todo el día. Le sugerí que fuese más liberal, que dejase entrar en ella a la fuerza superior y que se diese cuenta de que Dios amaba a su hijo, que velaba por él, que su avasalladora presencia protegía al muchacho en todo tiempo, pues el amor de Dios lo rodeaba, lo envolvía y lo acogía.

En cuanto se acostumbró a bendecir a su hijo desvaneció todas las sombras de intranquilidad y miseria. Hizo de la oración un hábito pues, en efecto, la oración es un hábito.

La preocupación de esta mujer, su intranquilidad y morbosos pensamientos acerca de su hijo eran debidos a la pereza e indiferencia en permitir que esas destructivas imágenes influyesen en sus pensamientos y emociones. Usted podrá curarse a sí mismo como lo hizo esta mujer siguiendo el mandato del salmista: *Elevaré mis ojos hacia las colinas, de donde vino mi socorro.* (Salmo 121:1.) Haga esto con regularidad y será liberado de las molestias de la preocupación.

Usted no lo quiere

Cuando usted se intranquiliza, concentra su atención y dirige su pensamiento hacia aquello que no quiere, de esa manera crea las circunstancias, las experiencias y los sucesos que lo perturban. La preocupación significa que está usando su pensamiento destructiva y negativamente.

Cómo la intranquilidad afecta las glándulas y órganos

El doctor Hans Selye, del Instituto de Medicina Experimental y Cirugía de la Universidad de Montreal, demostró los destructivos efectos de la intranquilidad, el temor y la ansiedad sobre el sistema general de defensa del cuerpo.[8]

Si la tensión que puso al sistema general de defensa en movimiento no es de naturaleza temporal y pasajera, sino persiste semana

---

[8] Obtenido de *The Mind in Healing* por el doctor Rolf Alexander, página 14, publicado en 1960. Permiso concedido por E. P. Dutton & Co., Inc., 201 Park Avenue South, Nueva York 3, N. Y.

tras semana, las glándulas adrenales intentarán primero adaptarse a la situación incrementando su producción de hormonas, pero esto provocará estragos en otros procesos no relacionados con la defensa. El individuo puede desarrollar artritis, diabetes o cuaquiera de las llamadas enfermedades sicosomáticas. Inevitablemente, si la tensión se prolonga más allá de este periodo de "adaptación general", las adrenales se agotarán. Cambian de color, del amarillo al pardo, el estómago se cubre de úlceras; la resistencia al frío, al calor a toda clase de padecimientos y lesiones sufre un colapso, y si el infortunado individuo no cae víctima de alguna infección, probablemente sucumbirá a una afección cardiaca, circulatoria o renal, las cuales son actualmente nuestros mayores asesinos.

La labor del doctor Selye demostró que el sistema de defensa puede luchar efectivamente sólo contra una cosa a la vez. Si en respuesta a una tensión mental causada por el dolor de un miembro fracturado, por ejemplo, es puesto en acción, rápidamente coordina cien actividades especializadas, además de su trabajo general, para reparar la fractura. Pero si en medio de esta labor de reparación se introduce otra tensión, causada por temor, digamos, podríamos sucumbir a la primera lesión o al "choque" resultante de la segunda tensión, o el miembro fracturado sencillamente no se compone y debe ser amputado. En el caso de otros padecimientos que no sean fracturas, el proceso de alivio se suspende y los padecimientos se vuelven "crónicos". Así, si nuestro sistema general de defensa es movilizado por tensiones mentales de origen no físico, su resistencia a las tensiones adicionales impuestas por cosas tales como la pulmonía, la influenza y los catarros decrece proporcionalmente.

Elevó sus aspiraciones

Un joven interno se preocupaba constantemente de su futuro; era una ruina de nervios. Sin embargo, aprendió a delinear de sí mismo una imagen, en que cubría un puesto en el personal de un gran hospital y poseía una lujosa oficina en la ciudad. En sus concepciones tenía un chofer de librea e imaginaba que sus amigos lo felicitaban constantemente.

Mantuvo ante sí esta imagen mental, era su película mental. A esta imagen daba su atención y se dedicaba y siempre que estaba a punto de preocuparse, proyectaba a propósito esta película en la pantalla de su pensamiento. Al pasar las semanas una fuerza poderosa se movió en su favor, honrando sus sueños y haciéndolos todos reales. El jefe de cirujanos lo invitó a ser su asistente y se casó con una acaudalada mujer, quien le montó una suntuosísima oficina, dotándolo, además, de un Cadillac y un chofer de librea.

Ésta es la forma por la que el hábito de la preocupación se cambia.

Ésta es la forma en la que el hombre viejo se convierte en un hombre nuevo en Dios. *Descarga tus obstáculos en el Señor y Él te apoyará...* (Salmo 55:22.)

Usted puede imponerse a la intranquilidad

No desperdicie su tiempo en observar sus molestias o problemas; detenga todo pensamiento negativo. Su mente no podrá funcionar armoniosamente cuando esté tensa. Ella alivia la tensión para hacer algo confortable y agradable cuando a usted se le presenta un problema. No luche con los problemas, sobrepóngase a ellos.

Para dar salida a la presión, salga a manejar; haga un paseo a pie; juegue al solitario o lea su capítulo favorito de la Biblia, por ejemplo el capítulo undécimo de la epístola a los hebreos o el capítulo decimotercero de la primera epístola a los corintios. O bien, lea el salmo cuadragesimosexto; reléalo cuidadosamente y en silencio varias veces. Una íntima calma se apoderará de usted y se tornará firme y apacible.

Pasos de la oración para imponerse a la intranquilidad

PRIMER PASO: Cada mañana, cuando despierte, recurra a Dios en su oración y sepa que el Señor es su padre amante.

Descanse su cuerpo; entable entonces un diálogo con Dios, que es su ser superior. Haga como un niñito; esto significa que usted confía absolutamente en el Dios presencia y que usted sabe que Él le da salud.

SEGUNDO PASO: Proclame amorosamente: "Gracias, Padre, por este maravilloso día. Es el día de Dios; está pleno de alegría, de paz, de felicidad y de buen éxito para mí. Miro hacia adelante con feliz esperanza en este día. La sabiduría y la inspiración de Dios me gobernarán durante todo el día. Dios es mi compañero; todo lo que yo haga se realizará en forma extraordinaria. Creo que Dios me orienta y que su amor llena mi alma".

TERCER PASO: Demande con valor: "Estoy lleno de confianza en la bondad de Dios. Sé que Él me vigila en todo tiempo. Dejo pasar; estoy firme, sereno y en calma. Sé que Dios está en acción en todos los aspecto de mi vida y que la ley divina y el orden reinan soberanos".

Haga un hábito de su confianza en estos tres pasos de oración, y cuando lleguen a su mente los pensamientos de preocupación, sustitúyalos por cualquiera de los conceptos espirituales de los tres pasos anteriores; su mente se reacondicionará gradualmente en la paz.

CONSEJOS-FUERZA

1. Cuando usted se preocupa, pondera muchas cosas que nunca sucederán y se empobrece a sí mismo en vitalidad, entusiasmo y energía.
2. Cuando se preocupa, está ansioso de aquello que no ha sucedido pero que puede llegar a ocurrir. Transforme su modo actual de pensamiento y transformará su futuro. *Su futuro es su pensamiento actual hecho manifiesto.*
3. Si mantiene el hábito de la intranquilidad, puede atraer aquello por lo que se preocupa.
4. Cuando a su mente lleguen pensamientos malsanos y negativos, suplántelos afirmando: "Dios está conmigo." Esto destruye los pensamientos negativos, que tan sólo son vibraciones.

5. Si está preocupado por un esposo o por alguna otra persona, imagínela mentalmente como desearía verla. La frecuente convivencia de su pensamiento con esta imagen obrará milagros.

6. El intranquilo crónico no se preocupa por el problema que dice lo intranquiliza. La razón básica es un sentimiento profundo de inseguridad, porque él no se ha unido a Dios.

7. No se preocupe por su niño o niña que está en la escuela. Dése cuenta de la presencia de Dios donde su hijo se encuentra, envuelva mentalmente al niño con el amor, la paz y el regocijo de Dios. Sepa que toda la armadura de Dios cubre a su hijo y que siempre estará protegido de todo perjuicio.

8. Cuando se preocupa en realidad está implorando lo que no desea.

9. Únase con una fuerza superior y deje que el Todopoderoso se desenvuelva en su nuevo patrón constructivo de pensamiento e imágenes y la luz de Dios hará desaparecer toda sombra, intranquilidad y desesperación. Deje que entre la alegría de su amor.

La provisora ley de la prosperidad automática

La gente se pregunta constantemente: "Cómo podré sobresalir en la vida, mejorar mis condiciones, lograr un aumento de salario, comprar un automóvil y una casa nueva, y tener todo el dinero que necesito para poder hacer lo que debo, cuando quiera hacerlo?"

La respuesta a todas estas preguntas llega mediante el aprendizaje en el empleo de las leyes de su propia mente; la ley de la causa y el efecto, la del aumento y la de la atracción; estas leyes de su mente trabajan con la misma precisión y exactitud que las de la física, la química y las matemáticas y en forma tan definida como la ley de la gravitación. La ley de la prosperidad es expresada bellamente por el salmista cuando dice: *Su deleite está en las leyes del Señor, y en su ley medita él día y noche.* (Salmo 1:2.)

La prosperidad significa el incremento de nuestras capacidades y habilidades en toda la línea y en toda dirección, de manera que liberemos nuestros íntimos poderes. Los ascensos, el dinero y los contactos que desea usted establecer son las imágenes o semejanzas, así como las formas físicas de los estados mentales que los producen.

Cómo un cambista progresó

Conozco muy bien a un corredor de bolsa de Los Ángeles. Atribuye su mucha clientela y buen éxito económico a la práctica de una conversación mental e imaginaria con un amigo banquero multimillonario, quien lo felicita por su sabio y sano juicio y lo halaga por la compra de las acciones indicadas. Protagoniza cada mañana esta imaginaria conversación, antes de ir a su oficina, y fija sicológicamente esa impresión en su subconsciente.

Ls imaginarias pláticas de este corredor de bolsa concuerdan a su propósito de lograr inversiones seguras para él y sus clientes. Me contó que el fin principal en su vida de negocios es ganar dinero para los demás y verlos progresar en lo financiero gracias a sus sabios consejos. Al ganar dinero para otros prospera él también, superando sus más acariciados sueños. Es bastante claro que él usa las leyes de la mente en forma constructiva y que encuentra su deleite en la ley del Señor.

Su subconsciente pagó la hipoteca

Una vez me dijo un hombre: "Perderé todo, mi casa, mi auto y mis tierras. No puedo saldar mi deuda y van a entablar juicio en mi contra". Le expliqué que si llegara a usar su mente subconsciente en la forma correcta, ésta le proveería el dinero necesario. Él no iba a preguntarse cómo, cuándo o dónde. No iba a pensar de qué fuente. El subconsciente posee caminos que usted desconoce; sus vías son pasado que se descubre.

A sugerencia mía empezó a imaginarse antes de dormir que depositaba el dinero requerido en el banco, esto es, que lo entregaba al cajero y lo escuchaba decirle: "Su deuda está saldada; ¡me alegro que haya conseguido el dinero!" Se interesó vivamente en su imagen mental o acto imaginario; lo hizo parecer real y natural. Mientras más insistentemente ponía en contacto su mente con el imaginario drama, con mayor efectividad se depositaba el ilusorio acto en el banco de su subconsciente. Lo hizo tan real y verdadero que tuvo que realizarse físicamente.

La secuela de esto fue interesante. Una noche tuvo este hombre un vívido sueño acerca de un caballo que llegaba en primer lugar —una verdadera chica, cincuenta por uno— en la pista de carreras de Hollywood. Soñó también que el cajero del hipódromo le decía: "Diez mil dólares para ti, muchacho, ¡tienes suerte! Repentinamente se levantó y despertó a su esposa para contarle del sueño. Ella le dijo: "Tenemos dos billetes de cien dólares que puse en una vieja tetera hace cinco años, para alguna mala poca; ahora estos billetes derramarán bendiciones del cielo sobre nosotros. ¡Ve a la pista y apuéstalos a ese caballo!

El caballo entró a cincuenta por uno, tal como lo había previsto en su sueño, y mientras el cajero le pagaba, decía las mismas palabras que había oído en su sueño. Fue al banco y pagó en efectivo los diez mil de la nota, como subjetivamente lo había dramatizado en forma tan vívida e insistente durante su sueño.

...Yo, el Señor, me haré conocer de él en una visión, y le hablaré en sueños. (Número 12:6.)

La magia del aumento

Una mujer me escribió hace algún tiempo diciendo: "Las cuentas se me acumulan; estoy sin trabajo. Tengo tres niños y nada de dinero. ¿Qué hago?"

A sugerencia mía empezó a dar gracias por la magnífica providencia de Dios. Varias veces al día descansaba su cuerpo en un sillón y entraba en un estado amodorrado y soñoliento, parecido al del sueño. Condensaba sus ideas de necesidad en estas magníficas palabras de incremento: "Dios multiplica mi bien en exceso". Comprendió que todo aquello a lo que diese su atención su subconsciente lo magnificaría y multiplicaría cien veces. El contenido de estas palabras significaba para ella la realización de todos sus deseos, como pagar sus cuentas atrasadas, un nuevo puesto, un hogar, un esposo, alimento y vestido para sus hijos y una amplia dotación de dinero.

Durante sus periodos de oración no permitía que el pensamiento vagara, fijaba su atención y la concentraba en el significado de las palabras: "Dios multiplica mi bien en exceso".

Repetía esta frase una y otra vez, hasta lograr el sentimiento de realidad.

La idea de usar una simple frase —como en el ejemplo anterior— se basa en el conocimiento de las leyes del pensamiento. Cuando usted restringe su atención en una frase sencilla, su mente evita el vagabundeo. Las ideas son llevadas al subconsciente a través de la repetición, la fe y la esperanza.

Esta mujer obtuvo sorprendentes resultados. Sin anunciarse, su hermano llegó a casa desde Nueva Zelanda; no lo había visto ni tenido noticias de él durante veinte años. Él no sólo le dio quince mil dólares en efectivo, sino algunos valiosos diamantes como regalo. Por sugerencia de su hermano se hizo secretaria de un abogado; ¡un mes después se casaba con su jefe! Liquidó todas sus deudas y me comunicó que es muy feliz.

Los caminos del subconsciente en verdad son pasado que se multiplica treinta, sesenta y cien veces. Ésta es la magia del incremento.

Un "gracias" abre el camino a la prosperidad

Es sorprendente cómo una actitud agradecida mejora cada compartimento de su vida, incluyendo su salud y felicidad, así como su prosperidad.

Un agente de bienes raíces demostró esto en forma extraordinaria. Había encontrado gran cantidad de dificultades para vender las casas y propiedades que tenía en lista, encontrándose frustrado e infeliz. Sin embargo, convencido del poder de prosperidad de un corazón agradecido, empezó a orar cada noche afirmando lo siguiente: "Padre, te agradezco que me hayas oído, pues sé que Tú siempre me escuchas".[9] Entonces, antes de dormir, condensaba la frase en dos palabras: "Muchas gracias". Las repetía una y otra vez, como una canción de cuna; seguía diciendo estas palabras en silencio hasta quedar dormido.

---

[9] Ver Juan 11:41:42.

Una noche, durante el sueño, vio a un hombre que le daba una póliza amparando catorce terrenos y una casa que él deseaba especialmente vender. En el periodo de una semana el hombre al que había visto en su sueño fue a su despacho de bienes raíces y compró todas las propiedades que él había visto previamente en su sueño.

Este agente de bienes raíces se ha formado el hábito de repetir cada noche con sentimiento "Muchas gracias", hasta caer en lo profundo del sueño. Su salud ha mejorado notablemente, su riqueza se incrementa y muy frecuentemente en su vida de sueños tiene visiones previas de las ventas de algunas propiedades, lo que subsecuentemente se verifica en la realidad con todo detalle.

Tal como lo hace este hombre, proclame en silencio, día y noche, que Dios lo hace prosperar en su mente, cuerpo y en sus negocios; sienta la realidad de ello y nunca tendrá necesidad alguna.

Repita una y otra vez como una canción de cuna: "Gracias, Padre", al prepararse para dormir; esto significa que usted agradece a su Ser Superior por la abundancia, la salud, la riqueza y la armonía. Puede también suceder que el Señor —su mente subconsciente— llegue a darle respuesta en una visión y a hablarle en un sueño.

Decretó prosperidad

Una mujer me escribió diciendo: "debo al banco mucho dinero por mi casa y las deudas se me acumulan". Le contesté diciéndole que debía proclamar con sentimiento, varias veces al día: "Mi corazón está libre de toda deuda y la riqueza llega a mí en avalanchas de abundancia". Le indiqué que no debía preguntarse en qué forma había llegado la respuesta a su oración y que su mente subconsciente la dirigiría en todos sus pasos, pues ella sabía todo lo que era necesario para la realización de sus deseos.

Pocas semanas después se le acercó un constructor, que deseaba edificar en sus terrenos una casa de apartamentos, y le ofreció mucho más de lo que valían sus propiedades. Al mismo tiempo aseguró un contrato con el constructor para que actuase como empresaria de los departamentos, con un buen salario y un excelente departamento.

Su subconsciente siempre se magnifica. La Biblia dice: *Decretarás asimismo algo, y será en ti establecido* . . . (Job 22:28.)

La vida es suma

Un amigo de trabajo, sastre de oficio, tiene un refrán preferido: "Todo lo que hago es sumar, nunca resto." Él quiere decir que la prosperidad es el signo de la adición. Sume a su desarrollo: riqueza, poder, conocimientos, fe y prudencia.

Él suma en su vida al meditar en el buen éxito, la armonía, la orientación en la justa acción y en la ley de la opulencia. Se imagina y se siente próspero y su mente subconsciente da respuesta a su pensamiento habitual.

Comenzó a vender de nuevo

Una vez me dijo un vendedor de seguros: "Lo intento tanto y trabajo largas horas, pero mis resultados son magros y muy desalentadores". Después arreglé que tuviera una sesión por semana conmigo. Durante estas sesiones hice que inmovilizara su mente, que se relajara y que dejara las cosas pasar; entonces oraba por él en esta forma: "Está usted relajado y en sosiego, firme, sereno y calmado. De día y de noche prospera en lo espiritual, lo mental y lo financiero. Es usted un magnífico éxito, abierto y receptivo para las nuevas ideas. El bien le fluye libre, jubiloso, infinitamente y sin cesar. La ley del aumento trabaja ahora para usted".

Entonces, después de mi oración, rezaba él en la misma forma durante cinco minutos, afirmando estas verdades en primera persona, tiempo presente. Estas reuniones semanarias trajeron extraordinarios resultados. En unas pocas semanas empezó a hacer nuevos contactos y sus ventas se incrementaron mucho. Descubrió que una nueva actitud cambia todo en su vida.

Su subconsciente lo convirtió en millonario

Ahora procederé a demostrarle cómo puede usted definitiva y positivamente trasladar a su mente subconsciente una idea o imagen mental.

Su mente subconsciente es personal y selectiva. Ella escoge, selecciona, pondera, analiza, disecta e investiga. Está capacitada para el razonamiento inductivo y deductivo. La mente subjetiva o subconsciente está subyugada a la mente consciente. La subconsciente obedece las órdenes de la mente consciente. Los pensamientos concentrados y dirigidos alcanzan el nivel subjetivo; deben tener cierto grado de intensidad. La intensidad se adquiere mediante la concentración.

Un hombre que poseía un puesto de hamburguesas en el Medio Oeste me escribió diciendo que había leído *The Power of Your Subconscious Mind* cuando por primera vez salió al mercado. Escribía que había decidido concentrarse en un millón de dólares, pues deseaba ampliar su negocio y tener varios restaurantes; también quería establecer una sucursal en su país natal: Europa.

Siguió la técnica de impregnar su mente subconsciente, concentrándose en un millón de dólares. Concentrarse es volver al centro y contemplar las infinitas riquezas de la mente subconsciente. Cada noche detenía la actividad de su mente y entraba en un estado mental de quietud y relajamiento. Reunía todos sus pensamientos y concentraba toda su atención en un depósito por un millón de dólares en su libreta bancaria. Daba toda su atención a esta imagen mental. Su firme atención produjo una profunda y duradera impresión en la sensible placa de su mente subconsciente.

Repetía este drama cada noche y al final de unos meses las cosas empezaron a ocurrir. Contrajo matrimonio con una acaudalada mujer, quien amaba su ambición, su celo, entusiasmo y años de realización. Compró ella un restaurante, el cual, en el periodo de unos pocos meses, demostró ser un tremendo éxito; ha abierto ya dos sucursales. Ha hecho él algunas inversiones en acciones petroleras, las que producen ganancias en forma fantástica. Me envió un regalo de quinientos dólares por haber escrito el libro, el cual ha sido uno de los más apreciados obsequios que haya jamás recibido.

Este hombre tenía en el banco más de un millón de dólares al tiempo de escribir esto y, además, su subconsciente le ha redituado dividendos adicionales, incluso una esposa hermosa e inmensamente rica, un hermoso hijo recién nacido y una vida más abundante.

Plegaria de prosperidad

...*Harás tu camino próspero y tendrás entonces buen éxito.* (Josué 1:8.) Ahora doy un modelo de buen éxito y prosperidad a la profunda mente de mi interior, que es la ley. Me identifico con la fuente infinita de abastecimiento. Escucho la callada y pequeña voz de Dios dentro de mí. Esta voz interior, guía, orienta y gobierna todas mis actividades: Soy uno con la abundancia de Dios. Sé y creo que existen formas nuevas y mejores de conducir mis negocios; la inteligencia infinita me revela los nuevos caminos.

Crezco en sabiduría y entendimiento. Mis negocios son los de Dios. Me ha hecho prosperar divinamente y en todas formas. La sabiduría divina de mi interior me revela las formas y medios por los cuales de inmediato mis negocios se ajustan al recto camino.

Las palabras de fe y convencimiento que ahora digo abren todas las puertas o avenidas necesarias para mi triunfo y prosperidad. Sé que *El Señor* (la ley) *perfeccionará aquello que me concierne* ... (Salmo 138:8.) Mis pies se mantienen en el camino correcto, pues soy un hijo del Dios viviente.

ALGUNOS CONSEJOS BENÉFICOS

1. Aprenda a emplear las leyes de su mente y podrá atraer hacia sí riquezas, amor, felicidad y una vida más abundante.
2. Decídase a ganar dinero para los demás y también lo ganará para usted; prosperará en superación de sus sueños más acariciados.
3. Su mente subconsciente posee caminos que desconoce. Déle la idea de la prosperidad y ella hará lo demás.
4. Una extraordinaria fórmula de prosperidad es afirmar con frecuencia y sentimiento: "Dios multiplica mi bien en exceso". Ocurrirán maravillas en cuanto rece de este modo.
5. El corazón agradecido está siempre cerca de Dios. Use la oración de la Biblia, es maravillosa: *Padre, te agradezco que me hayas oído y sé que siempre me escuchas.* (Juan 11:41-42.) Arrúllese hasta dormir con un "gracias" en los labios.
6. Usted puede decretar una cosa y llegará a suceder, así como: "Mi hogar está libre de toda deuda y la riqueza llega a mí en avalanchas de abundancia." Sea sincero, propóngaselo y su subconsciente dará respuesta.
7. La vida es suma. Añada a su vida riqueza, poder, prudencia, conocimientos y fe estudiando las leyes de la mente consciente y subconsciente.
8. Afirme: "El bien llega a mí incesante, incansable, regocijada y copiosamente y las riquezas de Dios se instilarán en su pensamiento receptivo y abierto.
9. Usted puede llevar a su subconsciente la idea de un millón de dólares mediante la concentración y, tarde o temprano, su subconsciente le responderá en su propia forma. Un prerrequisito es la sinceridad y la inseparable atención.
10. *...Harás tu camino próspero y tendrás entonces buen éxito.* (Josué 1.8.)

La ley penúltima de la creación

Napoleón dijo: "La imaginación gobierna al mundo." Henry Ward Beecher afirmó: "La mente sin imaginación es como un observatorio sin telescopio". Pascal dijo: "La imaginación dispone de todas las cosas, ella crea la belleza, la justicia, la felicidad, que lo son todo en este mundo."

La facultad de crear imágenes se llama imaginación. Es una de las facultades primarias del pensamiento, y tiene poder para proyectar y dar forma a sus ideas, otorgándoles visibilidad en la pantalla del espacio. Usted puede disciplinar, controlar y dirigir a su imaginación en una forma constructiva, y conseguir lo que quiere en la vida, o puede usarla negativamente e imaginar aquello que usted no desea en la vida. Las imágenes mentales que usted contempla y acepta conscientemente como verdaderas se imprimen en su mente subconsciente y se hacen manifiestas en su vida.

Cómo se hizo presidente

El señor Fred Reinecke, presidente de la Corporación Febco, en Glensdale, California, atrajo a mi atención el poder de triunfo de su imaginación. Lo siguiente pertenece a una carta suya, que él me ha dado permiso de publicar:

Me inicié en los negocios con mis hermanos y hermanas en 1949. Tres meses después, nuestro negocio fue arruinado por el fuego. Nos negábamos a ir a la quiebra o a llorar por lo pasado. Decidimos reconstruir, y èn el pensamiento me ponía a imaginar una gran corporación con vendedores por todo el país. Ilustraba en mi mente un gran edificio, una fábrica, oficinas, buenos medios de transporte, sabiendo que mediante la alquimia de mi mente podría entretejer la tela con la que se vestirían mis sueños. Usted me sirvió de magnífica ayuda y me dio un gran alimento en la ocasión de mi primera visita, cuando me llamó "señor presidente". En la iglesia comenzó usted a presentarme como "el presidente de una multimillonaria organización". En mi mente no había aceptado aún en modo alguno el título de presidente; parecía una absoluta imposibilidad, ya que mi hermano era el presidente. Empecé a pensarlo bien, y después de unas pocas semanas acepté el título y decía: "Soy presidente de mi organización por mandato divino. Sea esto, o algo más grande o superior, a la vista de la inteligencia infinita". Imaginaba una suntuosa oficina con mi nombre y el título de oficina de presidente. La aceptaba absolutamente con una sonrisa. ¡Me parecía que lucía bien!

Entonces las cosas comenzaron a suceder. Primero, mi hermano, que era vicepresidente, decidió retirarse; meses más tarde mi otro hermano, el presidente de la organización, anunció que se iba, pues aspiraba a llegar al Congreso de Estados Unidos. Mi hermana también se fue y alcanzó una posición más alta en la vida. Todos los miembros de mi familia son felices con sus nuevas realizaciones, y constantemente rezo por su orientación y correcta ubicación, en la misma forma que rezo por mí.

Ahora, repentinamente, ¡yo era presidente! Este enorme paso, que había parecido un imposible sólo dieciocho meses antes, se había convertido en realidad, y actualmente el negocio florece en superación de mis más preciados sueños. Creo implícitamente lo que usted enseña, que "la imaginación es el taller de Dios".

Su imaginación creativa la sanó

La doctora Olive Gaze, de Brentwood, California, posee una tremenda fe, comprende y cree en el poder mágico de la imaginación creativa. Ella es descendiente en línea directa del mundialmente famoso predicador Henry Ward Beecher. La doctora Gaze me remitió la siguiente carta acerca del poder de la imaginación constructiva:

Querido señor Murphy: Conducía yo a mi fallecido marido, el doctor Harry Gaze, y al virar hacia Sunset Boulevard, repentinamente un espantoso choque volcó nuestro auto, ambos quedamos inconscientes. Cuando volví en mí, los policías estaban de pie ante nosotros, y Harry fue llevado en una ambulancia. En mi aturdido estado, di al policía el domicilio de mi médico y su número telefónico, y la dirección y el número telefónico de usted, que en mi mente consciente nunca había memorizado. Era mi subconsciente que hablaba y actuaba. Algo muy sorprendente fue que di al policía el nombre, dirección exacta y número telefónico de mi sirvienta que estaba pasando el fin de semana con su hija en Woodland Hills; conscientemente, no sabía yo su dirección, ni tenía idea de su número de teléfono. Esto es indicativo de verdadera clarividencia y es una muestra de cómo opera el subconsciente.

Me encontré a mí misma en el hospital. Mi pelvis se había fracturado en varias regiones y oí decir que no volvería a caminar. Empecé a imaginarme yendo a sus conferencias; lo veía a usted estrecharme la mano y congratularme diciendo: "¡Luce usted maravillosa! ¡Es el poder de Dios que obra milagros!"

Yo tenía absoluta fe en la fuerza curativa de Dios, y mientras me hallaba en el hospital constantemente me imaginaba que hacía todo lo que ordinariamente haría si me aliviara. No dejaba de afirmar constantemente: "Dios me da salud ahora. Dios hizo todos los huesos de mi cuerpo y ellos se encuentran en el lugar correcto, sirviéndome."

Lo que yo imaginé y sentí que era verdadero, llegó a suceder. Ahora sé que el poder creativo de Dios se instila en nuestras imágenes mentales. ¡Es maravilloso!

Su imaginación la curó a ella y a su familia

La siguiente carta de la señora de Fred Reinecke, se publica con su autorización:

Querido doctor Murphy: Con un profundo estado de depresión me hallaba recluida en el hospital estatal Camarillo para enfermedades mentales. Durante la terapia clínica me encontré a mí misma cara a cara; aprendí a conocerme y adaptarme a mí misma y a los demás. Constantemente afirmaba: "El amor de Dios llena mi alma y Él me guía." Me recuperé de la aguda depresión y me dejaron ir.

Siento que Dios me orientó para que escuchara su conferencia sobre la fuerza de nuestra mente subconsciente. Enfatizó usted el sorprendente y prodigioso poder de las imágenes mentales.

Comencé a imaginarme mentalmente feliz, alegre, libre y próspera. Ilustraba en mi mente un hermoso hogar y durante el día muchas veces me sentaba y pensaba de mi esposo con magnífico éxito, próspero y divinamente feliz. Imaginaba que él me decía cuán feliz era, cuánto me amaba y cómo era próspero su negocio. Concebía a mi hija e hijo como debían ser: estudiantes brillantes, diligentes y plenos de celo y entusiasmo.

Delineé firmemente la imagen de una vida práctica, feliz y regocijada; vivía con ella diariamente. Por instrucciones suyas cada noche imaginaba que usted me felicitaba por mi paz interior, mi tranquilidad, mi felicidad y libertad. Podía verlo sonreír, y percibía el tono de su voz. La hice real y vívida, y todo lo que mentalmente he ilustrado para mí, mi esposo y mis dos hijos, ha llegado a suceder.

La imaginación produce un gran maestro

Mientras visitaba las torres redondas de Irlanda, encontré a un profesor que parecía encontrarse en estado muy pensativo. Le pregunté: "¿En qué medita usted?" Éste es el contenido de su respuesta:

Señaló que sólo mediante el desahogo en las ideas grandes y maravillosas del mundo es que crecemos y nos desarrollamos. Contemplaba él la edad de las piedras de las torres; entonces su imaginación lo hacía volver a las canteras donde las piedras se habían formado originalmente. Su imaginación "desnudaba" las piedras. Veía con su ojo interior la estructura, la formación geológica y la composición de las piedras reducidas a un estado amorfo; finalmente, imaginaba la unidad de las piedras con todas las piedras y con la vida entera. ¡Se daba cuenta, por sus imágenes mentales, que era posible reconstruir la historia de la raza irlandesa a partir de la minuciosa observación de las torres redondas!

Mediante este don imaginativo, el profesor era capaz de ver hombres invisibles e imaginarios que vivían en la torre, y oír sus voces. Todo el lugar revivía para él en su imaginación. Usando este poder, pudo retroceder en el tiempo a donde no había torres redondas. En su mente empezó a tejer un drama acerca del lugar en que las piedras se habían originado, quién las había traído, el propósito de esa estructura y la historia que con él se relacionaba. Me dijo: "Casi puedo sentir su tacto y oír el sonido de pasos que se desvaneció hace cientos de años."

Este profesor era inmensamente popular; me contó que sus escritos y conferencias le rendían amplias sumas de dinero, todas las cuales —decía él— las debía a la práctica de la facultad de la imaginación.

Ciencia e imaginación

Es desde el reino de la imaginación de donde ha llegado la televisión, el radar, la radio, los grandes aviones a reacción y otras modernas invenciones. Su imaginación es la tesorería del infinito, que deja escapar de su mente subconsciente todas las preciosas joyas de la música, el arte, la poesía y la invención. Podrá usted mirar una ruinas antiguas, un viejo templo, y reconstruir los anales del pasado fenecido. En las ruinas de un viejo atrio de iglesia podrá usted ver una moderna ciudad, resurgida en toda su anterior belleza y gloria.

Podrá usted hallarse en la prisión del deseo y la carencia, o tras de obstáculos de roca, pero en su imaginación podrá encontrar la medida no soñada de la libertad.

Grandes realizaciones a través de la imaginación

Chico, el limpiador de albañales parisiense, imaginaba y vivía en un paradisiaco estado mental llamado: "el séptimo cielo", aun cuando nunca vio la luz del día.

Bunyan, en prisión, escribió la gran obra maestra *El viaje del peregrino*. Usó su facultad imaginativa para crear personajes como Cristiano, Evangelista. Fiel, Confiado, Desesperación Gigante, los que representaban características, cualidades y patrones de conducta en todos nosotros. Todos éstos fueron personajes ficticios, pero como disposiciones, sentimientos, creencias, actitudes y capacidades de la naturaleza humana, vivirán por siempre en los corazones de los hombres.

Milton, aunque ciego, veía con el ojo interior. La imaginación hizo de su cerebro una bola de fuego y escribió *Paraíso perdido*. En esta forma trajo algo del paraíso de Dios a todos los hombres. La imaginación era el ojo espiritual de Milton; la imaginación le permitió cumplir con las tareas de Dios; a través de ella suprimió el tiempo, el espacio y la materia, y dio origen a las verdades de la presencia invisible.

La imaginación le atrajo dinero y reconocimiento

Hace algunos años una joven señora, profundamente religiosa, graduada en la Universidad de California, en Los Ángeles, me dijo: "Quiero escribir cuentos cortos y ficción, pero todos mis artículos me son devueltos. Estoy adquiriendo un complejo de rechazo."

Le aconsejé que creara en su mente un cuento que enseñase algo acerca de la ley de la caridad, que hiciese pasar ese cuento y todos sus personajes a través de su mentalidad espiritual y altamente artística y que proclamara y supiera que su escrito sería fascinante, hondamente interesante e instructivo para el público. Le sugerí que cada noche, antes de dormir, imaginase que yo la felicitaba por el buen éxito y la aceptación del artículo, y que sus imágenes visuales se sumergieran en su mente subconsciente. También le dije que si perseveraba, los resultados vendrían. La secuela de su nueva actitud e imágenes mentales es vivamente interesante. Dos revistas aceptaron sus artículos y un sicólogo le pagó dos mil dólares para que le editara y rescribiera un libro suyo. En tanto este libro pasa a impresión, ella escribe una novela, cuyo plan ha sido aprobado por un editor.

La imaginación le trajo buen éxito

En Greenwich Village, Nueva York, conocí a un poeta que escribía hermosos versos; los hacía imprimir en tarjetas y los vendía en temporada de Navidad.

Algunos de sus poemas eran bellísimas joyas de amor espiritual. Decía que cuando se ponía en silencio, a su mente llegaban las palabras acompañadas de una bella escena. Las flores, la gente y sus amigos llegaban a su mente con claridad. Decía que estas imágenes le hablaban; ellas le narraban su historia. Con frecuencia el poema, canción o arrullo aparecía entero y listo en su mente, sin el mínimo esfuerzo.

Era su costumbre imaginar que escribía bellos poemas que conmoverían los corazones de los hombres. Obtuvo un éxito inmenso con la venta de estas tarjetas e hizo una pequeña fortuna.

El imaginar ascendió a un químico

Hace algunos años tuve una conversación con un joven químico, quien dijo que durante años sus superiores habían intentado la manufactura de cierta tintura alemana, pero habían fracasado. Ellos le habían dado ese encargo cuando por primera vez le emplearon. Comentó que no sabía que no podían hacerla y que él había sintentizado el compuesto sin dificultad alguna.

Sus superiores se hallaban sorprendidos y querían conocer su secreto. Su contestación fue que él imaginaba que tenía la respuesta. Presionado más aún por sus superiores, dijo que podía ver con claridad las letras "Respuesta", de un encendido color rojo en su mente; entonces creaba un vacío bajo las letras, a sabiendas de que al imaginar la fórmula química bajo las letras, su subconsciente lo llenaría. A la tercera noche tuvo un sueño en que se le presentaban claramente la fórmula completa y la técnica para elaborar el compuesto. Esto le había dado como resultado un extraordinario ascenso a un puesto ejecutivo dentro de la organización a este joven químico.

La imaginación descubrió América

Todos nosotros hemos leído la historia de Colón y su descubrimiento de América. Su imaginación, a más de su fe en una fuerza divina, lo alentó y lo condujo a la victoria. Los marineros decían a Colón: "¿Qué haremos cuando toda esperanza se haya ido? Su contestación fue: "Diréis al romper el día: «Navegad, navegad, navegad»."

He aquí la clave de la oración: Sea fiel hasta el final; llene de fe cada paso en su camino, persistiendo hasta el fin, y sabiendo en el corazón que el final es seguro, porque usted vio el final.

Habiendo visto y sentido el final, habrá dispuesto los medios para la realización de su fin.

Cómo la imaginación revive el pasado

Los arqueólogos y paleontólogos que estudian las tumbas del viejo Egipto reconstruyen, mediante su imaginativa percepción, los antiguos escenarios. El pasado muerto se torna vivo y audible una vez más.

Al mirar las antiguas ruinas y los jeroglíficos sobre ellas, la imaginación del científico le permite revestir el antiguo templo con techos y rodearlos de jardines, estanques y fuentes. Los restos fósiles son dotados de ojos, fibras y músculos, y caminan y hablan de nuevo.

El pasado se convierte en el vívido presente, y encontramos que en la imaginación no existe tiempo ni espacio. A través de su facultad imaginativa, usted podrá ser compañero de los más inspirados escritores de todos los tiempos.

Una viuda se casa mediante la imaginación

Una solitaria viuda decidió usar su don imaginativo para lograr el marido ideal y un perfecto matrimonio Con su poder de imaginación me veía como el ministro que oficiaba en su detallado matrimonio. Me oía pronunciar en su imaginación las palabras; veía las flores y la iglesia, y escuchaba la música. Sentía el imaginario anillo en el dedo; su solidez le parecía natural. A través de su pensamiento iba de viaje de luna de miel hacia las cataratas del Niágara y Europa.

Pocas semanas más tarde fue llamada a San Francisco como invitada de su hija y el esposo de ésta; aceptó de inmediato la invitación. Su yerno ofreció una recepción en su casa, como un gesto de bienvenida a su suegra. El yerno la presentó allí a un rico agente de bienes inmuebles, amigo de mucho tiempo, cuya esposa había muerto recientemente.

Esta presentación se ahondó en un romance y en un lapso de tres meses fueron casados por el autor. Entonces se fueron de luna de miel a las cataratas del Niágara y a Europa, tal como ella subjetivamente lo había imaginado. Me escribió desde París diciendo: "Todo lo que había imaginado y sentido como verdadero ha llegado a suceder en una forma única y extraordinaria, y me conmuevo profundamente al contemplar los poderes de mi pensamiento."

Se gradúa con honores mediante la imaginación

A una joven bachiller le dijo cierta ocasión su madre que no podría asistir a determinado colegio, pues tenía que trabajar, ya que no había suficiente dinero para sostener a una familia de cuatro personas. Su madre era viuda y el principal sostén de la familia. Esta jovencita vino un domingo por la mañana a oír una serie de conferencias acerca de *La fuerza de su mente subconsciente*.

Empezó a practicar lo que había escuchado, que era que su imaginación podría y llegaría a dotar de forma a todas sus ideas. Varias veces al día creaba mentalmente un hermoso drama escénico. Se imaginaba que el presidente del colegio le daba un diploma; se figuraba a todos los estudiantes vestidos con toga. Oía a su madre felicitarla; sentía su abrazo y su beso. Hizo todo real, natural, dramático, excitante y maravilloso. Decía para sí: "Existe una creativa inteligencia en mi mente subconsciente, con poder para moldear todas estas formas que imagino en el pensamiento y para dotarlas de vida, movimiento y realidad."

Pasaron unos meses y repentina e inesperadamente una acaudalada tía de Nueva York le envió tres mil dólares como regalo en su decimoctavo cumpleaños; en el cheque estaba escrito: "Regalo de tu tiíta." Escribió una nota a su tía, expresando cuán agradecida estaba, cuando su madre le había dicho: "Puedes ir al colegio ahora; de algún modo saldremos adelante." Su tía escribió de nuevo ¡y le pidió que le enviaran todas sus cuentas escolares para pagarlas totalmente!

La mente subconsciente de esta chica le había dado más que interés compuesto. Me dijo ella: "¡El bien vino a mí ajustado, impetuoso y rebosante!" Éste es un ejemplo de los poderes mágicos de su imaginación.

Un niño sanó a su madre mediante la imaginación

En una ocasión entrevisté a un escolar muy religioso como de catorce años de edad.

Me contó que siempre que tenía un problema, imaginaba que Jesús hablaba con él, dándole la respuesta a su problema y diciéndole qué hacer.

La madre de este chico estaba muy enferma. Con frecuencia el muchacho se ponía quieto y silencioso, e imaginaba que Jesús le decía: "¡Sigue tu camino; tu madre está curada!" Hacía este drama de su mente tan real, vívido e intenso que, debido a su fe y creencias, se había convencido a sí mismo de la verdad de lo que subjetivamente oía. Su madre *estaba* completamente curada, aunque la habían considerado desahuciada y fuera del alcance de la ayuda médica.

El muchacho se había galvanizado en el sentimiento de ser uno con su imagen y, de acuerdo a su convicción o fe, se obró en él. En cuanto el chico cambió su actitud mental hacia la madre e imaginó su perfecta salud, la idea de la perfecta salud resurgió simultáneamente en su mente subconsciente. No existe sino una fuerza curativa, a saber, su mente subconsciente. Él había operado esta ley subconscientemente, y había creído en su propio pensamiento que en realidad Jesús hablaba con él; entonces, de acuerdo a sus creencias, respondió su subconsciente.

La imaginación, taller de Dios

Donde no hay visión, la gente peligra... (Proverbios, 29:18.) Mi visión es lo que más deseo conocer acerca de Dios y de la forma en que Él actúa. Mi vista está en la salud perfecta, la armonía y la paz. Mi visión es la fe interior de que el espíritu infinito ahora me da salud y me orienta en toda forma. Sé y creo que el Dios-Poder de mi interior da respuesta a mi oración; es ésta una honda convicción dentro de mí. Sé que la imaginación es el resultado de lo que concibo en mi mente. La fe es, como dice Pablo, la sustancia de la que se formó la imagen. (Hebreos, 11:1.)

Convierto en mi práctica diaria el imaginar sólo para mí y también para los demás lo que es noble, maravilloso y divino. Ahora imagino que hago lo que ansío hacer; imagino que poseo lo que ansío poseer; imagino que soy lo que ansío ser. Para hacerlo real, siento la realidad de ello y sé que así es. Gracias, Padre.

USANDO SU IMAGINACIÓN

1. La facultad de crear imágenes se llama "imaginación". La imaginación reviste las ideas y las proyecta en la pantalla del espacio.

2. Usted puede imaginar una hermosa casa, un viaje o un matrimonio, y al sentir su realidad sus imágenes mentales se harán objetivas.

3. Imagínese haciendo lo que usted ama hacer, siéntase en el acto y las maravillas ocurrirán en su vida.

4. Imagínese sano y perfecto, viviendo en una hermosa casa, con un triunfante esposo o esposa y con una familia feliz y jovial. Persevere en esta imagen mental y las maravillas se sucederán en su vida.

5. Mediante una imaginación disciplinada usted podrá ver con su ojo interior la estructura de las ruinas antiguas, con su vívida imaginación podrá reconstruirlas y hará que el pasado muerto parezca estar vivo.

6. Es del reino de la imaginación de donde vinieron la televisión, el radar, la radio, los aviones a reacción y todas las modernas invenciones.

7. Los escritores usan su facultad imaginativa para crear las grandes obras que han inmortalizado a grandes hombres como Shakespeare. Buyan, Milton y otros.

8. Imagine que sus escritos serán fascinantes y hondamente interesantes para el público, e imagine que es usted felicitado por su buen éxito. Estas imágenes mentales se sumergirán en su mente subconsciente y con el tiempo llegarán a realizarse.

9. Mediante la práctica de imaginar que usted ha escrito un bello poema, canción u obra, con frecuencia este poema, canción o el tema de la obra aparecerá completo y listo en su mente sin el mínimo esfuerzo.

10. Un químico puede figurarse que tiene la respuesta a un complejo problema, contemplando la misma. Frecuentemente dicha respuesta llegará en un sueño, lo cual es una imagen subconsciente, y aparecerá la fórmula.

11. Al mirar las antiguas ruinas y los jeroglíficos sobre ellas, la imaginación del científico le permite revestir antiguos templos con techos y rodearlos de jardines, estanques y fuentes.

12. Usted podrá atraer al compañero adecuado imaginando que su ministro predilecto le dice: "Ahora los declaro marido y mujer." Imagine y sienta el anillo en su dedo al irse a dormir; se sorprenderá de lo pronto que su subconsciente le da respuesta.

13. Usted puede imaginarse que un ser amado le cuenta que —él o ella— ha obtenido una prodigiosa curación. Regocíjese en ello y vea a su ser querido sano y fuerte. Figúrese a ese ser querido sonriendo, oiga sus buenas nuevas y sienta su abrazo; se galvanizará en el sentimiento de unidad con sus imágenes. ¡Su oración será contestada!

La ley última de la vida infinita

La omnipresencia de Dios significa que Dios, o la vida infinita, se halla presente dondequiera, en todo momento del tiempo y punto del espacio. Practicar durante todo el día la presencia de Dios es la clave de la armonía, la salud, la paz, la alegría y la plenitud de la vida. La práctica de la presencia tiene poderes que van más allá de la imaginación. No la soslaye sólo por su simpleza absoluta.

Debe darse cuenta de que toda creación es la expresión de Dios en infinita diferenciación. Usted es una expresión individualizada de Dios o la vida, y Dios siempre busca expresarse a través de usted a niveles cada vez más altos. Consecuentemente, está usted aquí para glorificar a Dios y para gozar de Él por siempre.

Comience ahora a contemplar la mayor de todas las verdades, la verdad que incluye a todo y que circunda a todo, de que Dios es la única causa, fuerza y sustancia en el mundo, y de que todo lo que usted vea, sienta y palpe es parte de su propia expresión.

Cómo empezar

Conozco a muchas personas que se sientan cada día durante cinco o diez minutos y meditan sobre el hecho de que Dios es bienaventuranza absoluta, paz, armonía, regocijo, inteligencia infinita, todopoderoso, y quien irradia sabiduría ilimitada y amor

infinito. Ellos dejan que sus pensamientos se explayen en estas
verdades; miran desde todos los ángulos las cualidades y poderes de Dios; comienzan a ser conscientes de que cada persona
que conocen es expresión de Dios y que, de hecho, todo lo que
ellos ven es Dios hecho manifiesto; es Dios que se dramatiza
a sí mismo por la alegría de expresarse a sí mismo. Al hacer
esto, encuentran que su mundo entero se transforma, experi-
mentan consistentemente una mejor salud, las condiciones exteriores mejoran y son poseídos de una nueva vitalidad y energía.

Encontró a su hijo después de siete años

El señor Michael Sands, de Los Ángeles, quien atiende a mis
conferenciantes y dirige la distribución de mis grabaciones, me
contó acerca de un sorprendente episodio de su vida. Hace como
siete años tuvo que salir de un país sudamericano y dejó un
mensaje a su hijo para que fuera tras él. Su hijo nunca recibió el mensaje El muchacho trató de ponerse en contacto con
su madre que estaba separada de su padre, pero ella también
se había mudado sin dejar domicilio de referencia. Las cartas y
cables que el señor Sands envió a su hijo y a sus contactos
de negocios no dieron resultado alguno. Ninguna de las agen-
cias conocidas pudo localizar a su hijo. Aún recientemente, un
pariente le escribió al señor Sands para hacer que declarase
legalmente muerto a su hijo.

Sin embargo, en los últimos meses Sands se interesó profundamente en la práctica de la presencia de Dios y proclamaba: "Mi hijo está en presencia de Dios, y Dios me revela dónde
está. Sé que Dios nos reúne a ambos por orden divina y doy
gracias." Ésta era su oración cotidiana.

Poco tiempo después Sands me presentó con su hijo, ¡que
había vuelto a casa de su padre después de una ausencia de
siete largos años! Al mismo tiempo que el padre comenzó a
orar por el regreso de su hijo, el joven empezó a buscar en
los directorios telefónicos el nombre de su padre en cada una

de las grandes ciudades que visitó; él era viajante. Cuando llegó a Los Ángeles, descubrió el nombre de su padre y de inmediato tomó un taxi a casa. ¡Hubo gran regocijo!

La Biblia dice: *Porque este hijo mío estaba muerto y vive de nuevo; estaba perdido, y lo han hallado. Y empezaron ellos a alegrarse.* (Lucas, 15:24.)

Su hogar se salvó

Hace pocos años una mujer me telefoneó frenéticamente, diciendo que un gran incendio se precipitaba furiosamente sobre sus propiedades. Le ordené que se uniera a mí para poner en práctica la presencia de Dios. Rogamos de este modo: "Reconocemos ahora la presencia de Dios donde están tú y tu casa. Tu casa se rodea de la envoltura del amor de Dios. Toda la coraza de Dios te rodea a ti y a tu hogar. Estás sumergida en la omnipresencia de Dios. La presencia de Dios es la causa de la paz, la armonía, el regocijo, la fe y la confianza. El sagrado círculo del amor eterno de Dios rodea a tu casa y la envuelve, y la avasalladora presencia de Dios ve por ella. Pronunciamos ahora esta oración sabiendo que Dios nos responde."

A la mañana siguiente me llamó la mujer y dijo que el fuego había retrocedido hacia la verja posterior ¡y se había detenido! Parecía milagroso. Más tarde, esa mañana, la visitó un policía y exclamó: "¡Lo único que podía haberla salvado era Dios!"

Reconoció la presencia

La joven secretaria privada de un gran bufete en Nueva York me escribió diciendo que dos chicas de la oficina murmuraban contra ella y que trataban de socavar su posición. Aparentemente esas murmuraciones llegaban a los extremos y eran completamente injustificadas. Le escribí y le sugerí que reconociese la presencia de Dios en las jóvenes, lo que significaba la aceptación de esos poderes y cualidades en sí misma. Escribí la siguiente oración para ella:

> Veo la presencia de Dios en estas jóvenes (mencionando sus nombres). Dios piensa, habla y actúa a través de cada una de ellas. Son cariñosas, amables y comedidas. Siempre que pienso en cualquiera de ellas o me encuentro con alguna, afirmo en silencio: "El amor de Dios se expresa a través de ustedes, Dios obra a través de ustedes."

Ésta fue la única acción que la joven realizó. En el lapso de una semana esta joven secretaria me escribió, haciéndome saber que las dos chicas habían sido trasladadas a otra oficina, pero que antes de irse la habían invitado a comer, expresándole su amor y aprecio por ella. La práctica de la presencia disolvió todo aquello que era incongruente consigo mismo en la mente y corazones de estas dos mujeres.

Su auditorio lo ama ahora

Un joven ministro, que llegó a mí en busca de consejo, me contó que sus feligreses eran muy fríos y también bastante críticos en cuanto a sus sermones. Decía que puesto que pasaba muchas horas preparando sus sermones y se apegaba firmemente a los principios de su fe, no podía comprender su frialdad y apatía. En efecto, durante más de un año no había sido invitado a comer por ningún miembro de su congregación. Le aconsejé la práctica de la presencia y preguntó: "¿Qué es eso?"

Contesté: "Antes de que vaya usted hacia la plataforma irradie hacia su auditorio amor, paz y buena voluntad; proclame con valor durante diez minutos: «Todos aquellos que aquí vienen esta mañana son bendecidos, sanos e inspirados. Dios piensa, habla y actúa a través de mí. Dios da salud a este auditorio a través de mí. Todos los que escuchan las palabras de verdad que pronuncio son instantáneamente curados, exaltados y hechos medrar en extraordinaria forma. Amo a mi auditorio, pues ellos son hijos de Dios; la gloria de Dios se trasluce en ellos»".

Después de que pasaron unas cuantas semanas tuvo lugar una milagrosa transformación. Sus feligreses empezaron a felicitarlo y a contarle que sus sermones los auxiliaban e inspiraban en grado sumo y cómo sus oraciones eran respondidas en maravillosa forma.

El ministro había descubierto que el remedio para toda dificultad y problema es el practicar la presencia de Dios. Esta presencia es la divina realidad de todo hombre, que yace dormida bajo la superestructura de las falsas creencias, opiniones, supersticiones y desajustes del hombre.

Cómo practicaba el hermano Lorenzo la presencia

El hermano Lorenzo era un monje del siglo XVII. Era un hombre santo, totalmente dedicado a Dios. Poseyendo una gran humildad y sencillez, estaba en armonía con el Infinito. "Hacer la voluntad de Dios", decía, "es toda mi ocupación".

El hermano Lorenzo practicaba la presencia cuando lavaba los platos o fregaba los pisos. Su actitud era que todo era labor de Dios. Su conciencia de la presencia de Dios no era menor cuando lo ocupaban en la cocina que cuando se hallaba ante el altar. El camino hacia Dios era para el hermano Lorenzo a través del corazón y del amor. Sus superiores se maravillaban del hombre que, aunque educado únicamente hasta el nivel de lectura y escritura, podía expresarse con tanta belleza y profunda sabiduría. Era la voz interior de Dios lo que animaba su decir.

Es así como el hermano Lorenzo practicaba la presencia: "Me he puesto en tu Presencia; es a tus labores a lo que me apresto y de ese modo todo marchará bien."

Decía que el único pesar que podría experimentar sería la pérdida del sentimiento de su presencia, pero que nunca temía aquello, estando completamente seguro del amor y de la absoluta bondad de Dios.

Al principio de su vida temía que llegase a sufrir perjuicios. Estas torturas de su pensamiento persistieron durante cuatro años; entonces dijo que toda la causa de estas cosas negativas era la falta de fe en Dios. Habiendo caído en la cuenta de ello, se liberó y en seguida ingresó a una vida de continuo regocijo.

Fuera que estuviese cocinando, horneando o lavando cacerolas en la cocina, el hermano Lorenzo se enseñó a esperar, aunque sólo por un momento, a pensar en Dios desde el centro de su ser, a ser consciente de la presencia de Dios y a mantener una reservada unión con Él. Como consecuencia de su íntima iluminación cuando gozaba el éxtasis del espíritu, emergió al reino de la profunda paz.

Curó a su hijo

Recibí la carta de un hombre de negocios de Chicago que había leído en mi libro *El milagro de la dinámica del pensamiento* * el capítulo intitulado "Cómo estar bien y mantenerse bien todo el tiempo" † que le interesó infinito. Su hijo, de ocho años, había estado enfermo hacía casi un año de una seria incidencia de asma que le ocasionaba exacerbados ataques de tiempo en tiempo, requiriendo tratamiento de emergencia.

Este padre se sentó una noche a un lado de la cama de su hijo y rezó en voz alta mientras su hijo dormía:

John, tú eres hijo de Dios. Veo en ti la presencia de Dios ahora. Es ésta la presencia de la armonía, la salud, la paz, la alegría, la vitalidad y la integridad. Dios exhaló en ti el aliento de la vida. El espíritu de Dios te formó y sé que el aliento del Todopoderoso te dio

---

* No existe título en idioma español Título original: The Miracle of Mind Dynamics.

† Título original: How To Be Well and Stay Wey All The Time.

vida. Aspiras la paz de Dios y exhalas el amor de Dios. *Padre, te agradezco que me hayas oído, y sé que siempre me escuchas.* (Juan 11: 41-42.)

Oró cerca de una hora, reiterando estas grandes verdades. sabiendo que se sumergirían en el subconsciente de su chico. Definitivamente sintió que esta oración recibía la respuesta de un sentimiento de paz interior y ya no tuvo deseos de orar.

Cuando el muchachito despertó por la mañana, dijo: "Papi, tuve un sueño en el que un ángel se me apareció y dijo: John, estás curado". El muchacho se había recuperado completamente. La convicción de su padre en la presencia de Dios se comunicó a su hijo y el subconsciente del muchacho dramatizó la convicción en la forma simbólica de una figura angelical, que hizo que al chico estuviera consciente de que había sanado. Ése es un ejemplo del poder de la práctica de la presencia de Dios.

Camino y habló

La doctora Elsie L. McCoy, de Beverly Hills, California, me dio permiso para citar esta maravillosa curación:

El señor A. sufrió serias lesiones en la cabeza, cuello y pecho al caerle encima una mesa de doscientos kilos. Estuvo inconsciente durante varios días. Llamé a un ministro para que orase conmigo y por espacio de una hora afirmamos juntos: "Dios es la vida de este hombre. Está a salvo con la vida de Dios. La presencia de Dios en él es la presencia de la paz, la vitalidad y la integridad".

Pasada esa hora recuperó la conciencia, pero era incapaz de hablar pues estaba paralizado. Parecía un caso sin esperanza. Apliqué todo lo que sé sobre las artes curativas, pero en mi corazón sabía que sólo Dios podría sanar a este sombre. Cada día el ministro y yo oramos con él, afirmando: "Dios camina y habla en ti. Hablas mediante el poder de Dios y caminas libre y jubilosamente. Te oímos hablarnos y te vemos andar por el cuarto. Dios te da salud ahora".

Transcurridos tres meses, el milagro ocurrió. Empezó a hablar claramente, y caminaba sin muletas. Todavía camina. Su propia afirmación fue que había oído todo lo que habíamos dicho y que lo había absorbido. Indudablemente, nuestras oraciones entraron en su mente subconsciente, la cual dio la respuesta. Éste fue el resultado de la práctica del poder de Dios para sanar.

No pudo ser arruinado

Mientras escribía este capítulo me interrumpió la llamada de larga distancia de un viejo amigo. Su voz fue estridente y de enojo cuando dijo: "Mis enemigos se proponen arruinarme y socavarme a mí y a mi negocio". Le sugerí que practicase la presencia de Dios en esta forma:

> Estos dos hombres (sus enemigos) cada día reflejan más y más a Dios y su Bondad. Ellos tienen las mismas esperanzas, deseos y aspiraciones que yo. Desean la paz, la armonía, el gozo, el amor y la abundancia, y yo también. Son honrados, sinceros y llenos de integridad, y la justicia divina reina soberana. Deseo para ellos todas las bendiciones de Dios. Nuestras relaciones son armoniosas, pacíficas, y plenas de la comprensión divina. Ellos desean hacer lo correcto de acuerdo a la ley de la caridad, como yo. Saludo a la divinidad de su interior y doy gracias por esta armoniosa solución.

Le ordené que usara esta oración muchas veces al día y que dejara que las impresiones y sentimientos de estos pensamientos se sumergieran en su mente, hasta ser poseído por su realidad. Le dije que en tanto continuara bendiciendo en esta forma, habría un gran sentimiento de liberación interior, a manera de una gran limpieza del alma. Le hice saber que se sentiría en paz y que descansaría.

Puso en práctica la técnica anterior con toda el alma y devoción y descubrió que en verdad segregaba el poder de la salud de las profundidad de sí mismo, lo que produjo una perfecta y armoniosa solución en el ámbito de sus relaciones con los hombres en cuestión. Tuvo lugar un magnífico cambio entre ellos. Descubrió que la práctica de la presencia era la verdad que circunda todo y que hace al hombre libre.

Practique los tres pasos

PRIMER PASO: Admita el hecho de que Dios es la única presencia y la única fuerza; Dios es la vida misma y la realidad.

SEGUNDO PASO: Dése cuenta, sepa y proclame que todo lo que usted sea y todo lo que vea, sea un árbol, un perro o un gato, es parte de la expresión de Dios; esto es lo más grande que usted pueda hacer; su poder va más allá de las palabras.

TERCER PASO: Siéntese en silencio dos o tres veces al día y piense a lo largo de estas líneas: "Dios es todo lo que existe; Dios es todo".

Empiece a darse cuenta que Dios habita en usted y en todos en su derredor. Recuérdese con frecuencia que Dios obra y piensa a través de usted y de otras personas por igual, y recuérdese especialmente esta verdad cuando tenga que ver con negocios con la gente.

Si usted canta, habla, actúa o toca un instrumento en público, afirme silenciosamente: "Dios bendice, hace medrar e inspira al auditorio a través de mí". Esto hará que ellos lo amen y lo aprecien. Ésta es la verdadera práctica de la presencia de Dios.

Viviendo con Dios

Vivo en un estado de conciencia. Es la conciencia de la paz interior, del júbilo, de la armonía y de la buena voluntad hacia todos los hombres. Sé que mi verdadero país no es una localidad geográfica; un país es un lugar para habitar. Habito en el lugar secreto del Altísimo; me amparo a la sombra del Todopoderoso; camino y hablo con Dios a cada día de mi vida.

Sé que sólo existe una familia divina, y que ésa es la humanidad. *Dejar surgir a Dios y que sus enemigos se dispersen.* (Salmo 68:1.)

Sé que mis únicos enemigos son el temor, la ignorancia, la superstición, los compromisos y las demás deidades falsas. No permitiré que estos enemigos habiten en mi mente. Me niego a dar entrada en mi mente a los pensamientos negativos. Entronizo a Dios y su amor en mi mente. Creo, siento y actúo desde el punto de vista del amor divino. Palpo ahora mentalmente el divino poder, y se mueve en mi beneficio; me siento invencible. Dios surge conmigo. Siento que ahora el río de paz de Dios corre a través de mí.

Proclamo que el amor de Dios penetra los corazones de todos los hombres y que Dios y su sabiduría norman, orientan y gobiernan a todos los hombres y a mí dondequiera. Dios me inspira, al igual que a nuestros guías y a los gobiernos de todas las naciones para hacer su voluntad y sólo su voluntad. La voluntad de Dios es armonía, paz, júbilo, integridad, belleza y perfección. ¡Es maravilloso!

RECORDANDO GRANDES VERDADES

1. La práctica de la presencia es la clave de la salud, la felicidad y la paz de espíritu.
2. Comience a darse cuenta de que todo lo que usted ve es parte de la autoexpresión de Dios.
3. Dios es la inteligencia infinita y, si su hijo está perdido, Ella sabe dónde está Él y le revelará a usted su localización.
4. Nada le podrá ocurrir a usted ni a su hogar si se rodea del círculo del amor de Dios y sabe que su avasalladora presencia lo protege.
5. Vea la presencia de Dios en aquellos que son desagradables o que murmuran contra usted. Proclame que Dios piensa, habla y actúa a través de esas personas y descubrirá que el amor nunca falla.
6. Si es usted orador o conferenciante, afirme: "Dios bendice y da salud al auditorio a través de mí" y las maravillas ocurrirán en su vida.
8. Usted puede rezar por un miembro de su familia dándose cuenta de la presencia del amor de Dios, su paz, alegría y armonía. Sienta la realidad de lo que usted afirma y el subconsciente de su ser querido dará respuesta en ese sentido.
9. Si la gente trata de lastimarlo, dése cuenta de que es usted uno con Dios y que ellos no pueden penetrar su defensa. Bendígalos cayendo en la cuenta de que son honrados, sinceros, amantes y que son gobernados por Dios y sólo por Dios. Inevitablemente vendrá una armoniosa solución.
10. Note usted que todo lo que ve, sin importar lo que sea, es parte de la expresión de Dios; esto es lo más grande que pueda hacer. Cada hombre que conoce es una encarnación de Dios. Él le espera para soslayar sus fragilidades, sus deficiencias y culpas y, como Pablo de Tarso, debería usted intentar ver al Cristo en él, la esperanza de gloria.